동물

“관계적 타자”

동물

임지연 지음

은행나무

3장 동물, 정체성에서 행위성으로

들어가며

나는 어쩌다 동물에 대한 책을 쓰게 되었을까? 예상하지 못했던 일이다. 솔직하게 고백하건대, 나는 어린 시절부터 동물을 가까이하지 않았다. 개나 고양이가 다가오면 슬금슬금 도망갔다. 그런 내가 지금은 고양이 '요다'와 함께 살고 있다. 아마도 이 고양이로부터 동물에 대한 사유가 시작된 것 같다. 요다는 우리 집에 처음 왔을 때 3개월 된 어린 고양이였는데, 얼굴이 마치 〈스타워즈〉 시리즈에 나오는 제다이 마스터 요다와 비슷했다. 귀와 눈이 아주 크고, 회색빛이 도는 흰 털이 푸석푸석했다. 우리는 이 고양이에게 요다라는 이름을 지어주었고, 지금은 요다, 혹은 요다 씨라고 부르며 산다.

요다는 나와 세 번째로 함께 사는 고양이다. 처음 고양이를 공동생활자로 들이게 된 것은 너무도 실용적인 이유 때문이었다. 아직 어렸던 아이들을 위해서였다. 나는 그때 박사학위 과정 중인 데다 비평가로 막 등단한 때여서 눈코 뜰 새 없이 바빴다. 아이들은 놀아주지 않는 엄마를 대신해 고양이와 함께 지내고 싶어 했다.

처음에 나는 강하게 반대했다. 어린 시절 교감 선생님 집 셰퍼드에게 물렸던 기억 때문에 개를 무서워했고, 고양이는 아홉 번 죽어도 되살아나는 요물이라는 할머니의 말씀 때문에 더 무서워했다. 애드거 앨런 포의 소설《검은 고양이》에 등장하는 고양이를 보라. 그 검은 고양이는 시신과 함께 벽 속에 갇혀 운다.〈전설의 고향〉에는 밝은 달밤에 우는 기괴한 고양이도 나온다. 그것이 내가 가지고 있었던 고양이의 이미지였다. 사실 생각해보면 그 고양이들은 고양이 본연의 모습이 아니라 인간의 공포를 투사한 것인데 말이다. 그러나, 어쨌든, 하는 수 없이, 아이들에게 고양이가 도움이 될 것이라는 현실적 필요를 절감하며 고양이와 함께하는 삶을 선택했다.

실용적인 목적으로 고양이와 만나게 되었지만, 고양이는 내 인간적 삶을 가로지르며 나와 특별한 관계를 맺었다. 처음 고양이를 쓰다듬을 때 느꼈던 손바닥의 감각을 기억한다. 물컹하고 뜨뜻하고 푹신한 낯선 촉감. 내 삶은 고양이와 함께하기 이전과 이후로 분명하게 구분되었다. 첫 고양이는 '클로'였고 그다음은 '마티'였다. 나는 아직도 클로와 마티에 대해 이야기한다. 요다가 캣타워에 올라가 놀 때, 우리는 책장 가장 높은 곳에 올라가 우리를 조용히 내려다보던 클로를 기억한다. 어린 마티가 비좁은 소파 밑으로 들어갔을 때 119를 불러야 할지 당황했던 순간을 이야기한다. 고양이들은 내 삶의 공동생활자가 되었다.

고양이와 나는 안정적인 공동생활자가 되기까지 우여곡절이 꽤 많았다. 고양이들은 내 생각처럼 아이들에게 상냥한 놀이 친구가 되어주지는 않았다. 아이들의 팔다리를 할퀴고, 책가방에 오줌을 싸놓고, 새 소파를 긁고, 나에게 코 알레르기를 유발했다. 우리들도 고양이도 서로의 행동을 충분히 이해하지 못해서 오랜 시간 서로를 알아가야 했다. 우리끼리도 고양이 똥을 누가 언제 치워야 하는지, 고양이 털을 어떻게 관리하고 집 안을 어떻게 청소해야 하는지, 요다에게 예방접종을 하기 위해 누가 병원에 데리고 가야 하는지 등의 문제로 갈등을 빚곤 했다. 귀여운 고양이, 놀아주는 고양이는 고양이의 일부에 불과했다. 우리와 고양이들은 쉽지 않은 대화를 나누며 갈등을 해결해나갔다.

그렇다면 지금은? 고양이 요다와 나는 능숙하게 협상할 줄 아는 관계다. 특히 놀이와 관련해서는 팽팽한 긴장이 감도는 협상이 벌어진다. 요다는 사냥 놀이를 아주 좋아한다. 아마 식사냐 사냥 놀이냐 둘 중 하나를 고르라면, 요다는 후자를 선택할 것 같다. 줄이 달린 새 모양 장난감을 들기만 해도 흥분해서 날뛸 정도로 즐거워한다. 나는 거실에 있는 서랍장에 장난감을 보관하고 가끔 요다를 위해 꺼낸다. 요다는 시도 때도 없이 내게 사냥놀이를 요구한다. 하지만 내가 피곤하거나 쉬고 싶을 때는 응하지 않는 편이다. 그러면 요다는 새로운 전략을 꺼내든다. 갑자기 소파를 긁거나 책상 위를 거칠게 뛰어다닌다. 내가 그러지 말라고 주의를 주거나 꼭 안아 내려놓으면, 내 관심을 끄는 데 성공한 요다는 다음 행동으로 넘어간다. 나를 서랍장으로 데려가 장난감을 넣어둔 서랍을 긁어댄다. 사냥 놀이를 하자는 것이다. 물론 나는 요다의 요청을 매번 거절하지는 않는다. 그러면 소파가 남아나질 않고 책상은 늘 엉망진창일 것이다. 요다는 자신의 요구를 분명히 드러내고 다양한 방식으로 나와 복잡한 대화를 시도하는 것 같다. 요다와 나는 사냥 놀이를 둘러싸고 대화를 나누고 조율하는, 서로의 의견에 동의하거나 거절하는 상호적 삶을 살고 있다. 나는 '캣맘'이 되지 않으려고 노력한다. 나는 요다를 아기로 대하고 싶지는 않다. 요다는 성장하고 나이를 먹으며, 우리와 복잡한 상호관계를 맺으며 함께 살아가는 존재다. 요다는 아이를 돌보러 우리 집에 온 것이 아니고, 나도 귀여운 털복숭이 아기와 함께 살고 싶은 것이 아니다. 우리는 서로 관심을 주고, 귀찮아하고, 뛰놀고, 협상하고, 위로하면서 상호 존중이 유지되는 일정한 거리를 두고 살아가고 있다.

요다와 지내며 나는 동물이 궁금해졌다. 나와 함께 살았던 고양이들, 내 아이들에게 주의를 기울이고 배려를 요청하는 고양이들은 누구일까? '고양이는 누구일까'라는 질문은 내게 되돌아온다. 고양이와 관계 맺는 나는 누구인가? 이때 나는 독립된 정체성을 가진 '나'가 아니다. 그때의 나는 고양이의 환호를 받거나 고양이를 염려하거나 고양이와 협상해야 하는 관계 속의 '나'로 존재한다.

나는 계속해서 자문한다. 고양이를 실용적인 목적으로 집에 데려온 것은 정당한 일일까? 조금 과장한다면 아이들을 키운 건 8할이 첫 번째 고양이 클로였다. 클로는 존재하는 것만으로도 아이들에게 큰 힘이 되어주었고, 아이들은 클로를 돌보며 자랐다. 먹이를 주고, 물을 주고, 똥을 치우고, 병원에 데려가고, 놀아주는 일은 만만치 않다. 그 어려운 일들을 해내면서 아이들은 클로와 함께 성장했다. 종종 아이들은 그 시절엔 엄마보다 클로가 자기에게 더 많은 것을 주었다고 고백하곤 한다. 그때 고양이 클로는 우리와 살며 어떤 마음이었을까? 알 것 같기도 하고, 영 모를 것 같기도 하다. 이와 같은 생각에 이르면 나의 질문은 달라지게 된다. '고양이는 누구인가'에서 '고양이는 나와 살 때 어떨까'로 말이다. 고양이와 살아본 사람은 안다. 고양이는 각각의 가족 구성원과 관계 맺는 방식이 조금씩 다르다. 나의 질문은 나와 고양이의 관계는 어떤가, 어떠해야 하는가로 바뀌게 된다.

요다는 소파를 긁어 내 속을 뒤집으며 우리 집 거실에서 살고 있지만, 고양이는 공원과 학교, 카페, 골목, 야산

등 어디에나 있다. 고양이는 인간의 지평에서 함께 살아가고 있다. 아니, 그것은 반만 맞는 말이다. 고양이와 인간은 함께 공생의 지평을 형성하고, 바꾸고, 재형성한다고 말해야 한다. 나아가 고양이와 나는 같은 공동생활자로서 지구적 삶을 공유한다. 따라서 나는 동물을 공동생활자라는 관점에서 바라보고자 한다.

그러나 이 명제는 간단치가 않다. 그래서 나는 동물에 대한 여러 질문을 던지려 한다. 이 책은 동물학이나 동물철학을 체계화하려는 목표를 갖지 않는다. 또한 집에서 함께 사는 반려동물을 향한 애호에 대해 쓰려는 것도 아니다. **나는 반려동물에 대한 인간의 사랑 방식을 의심하고 있다.** 이 책에서 나는 인간이 동물과 어떤 관계를 맺어왔으며 어떤 관계로 나아가야 할지에 대한 소박한 질문들 속에서 동물과 인간의 사랑, 차이에 기초한 둘됨으로서의 사랑에 대해 말하고 싶다.

1부에서는 동물해방인가, 동물권리인가, 동물관계인가를 묻는다. 이 질문은 동물에 대한 인간의 태도를 묻는 것이며, 동물을 자율적 주체로 존중한다는 것이 어떤 의미인가를 묻는 것이다. 인간이 동물을 착취하기 때문에 동물을 인간으로부터 해방시켜야 하는가? 동물에게 법적 권리를 부여하여 정치적 시민으로 승격해야 하는가? 지구적 존재로서 역사적이고 정치적 관계로 살아온 동물과 인간은 어떤 정치적·윤리적 관계를 맺어야 하는가?

2부에서 다룰 '쥐 이야기'는 유한한 자들끼리의 '공동의 실뜨기'에 동참하는 이야기이다. 특히 공동의 실뜨기가 반드시 낙관적인 것은 아니며, 두려움과 공포가 어린 비낙관적인 성격도 있는 것임을 인정하고자 한다. 쥐는 우리와 오랫동안 같이 살아왔지만, 인간과 조화롭고 행복한 관계를 맺지 못한다. 특이한 쥐의 위치와 인간과 쥐의 '어두운' 관계성에 대해 동화, 영화, 소설 속 이야기를 통해 생각해볼 것이다. 3부에서는 질문의 방향을 '동물의 정체성'에서 '동물의 행위성'으로 옮겨가자고 제안했다. 동물을 '바라봄을 당하는 자'에서 '나를 바라보는 자'의 위치로 재조정하는 자크 데리다의 사유 방식을 살펴보고, 동물이 어떤 행위자인지 생각해본다. 그리고 언어 없이 동물과 대화할 수 있는 방법을 탐색한다. 이를 통해 '동물은 무엇인가'에서 '동물은 어떻게 행위하는가'로 질문을 옮겨가야 한다고 주장한다. 마지막으로 동물에 대한 환대의 윤리보다는 공생의 윤리로 나아가자고 제안할 것이다.

이 책은 동물과 인간의 사랑을 지향한다. 그러나 사랑의 개념을 오해하지 말기로 하자. 여기서 사랑은 서로에 대한 동일시나 열정, 낭만화와는 거리가 멀다. 한때 귀여운 강아지를 사랑했던 사람이 그 강아지를 유기하기도 한다. 이 사람은 귀여운 강아지를 사랑한 것이지 강아지라는 구체적 동물을 사랑한 것은 아니다. 또는 강아지를 사랑하는 자신의 모습을 사랑한 것이다. 이것은 사랑이 아니다. 취향이나 나르시시즘에 가깝다. 또한 사랑은 인간인 나와 대상인 동물을 동일시하는 감정 상태가 아니다. 동일시는 차이를 인정하지 않는 하나됨의 관계를 말한다. 하나됨은 대상을 이상화하거나 낭만화하기 쉽기 때문에 지속적인 사랑의 관계를 자주 파괴하곤 한다. 하나됨에 빠지지 않는 것이 더 좋은 사랑일 때도 있다. 내가 생각하는 좋은 사랑이란 동물 타자에 대한 지속적인 긍정의 관계를 말한다. 사랑하는 동물이 인간종과 다른 타자라는 것을 인정한다는 것은 중요하며, 그러기 위해 타자에 대한 앎을 필요로 한다. 타자에 대한 앎은 나의 편협할 수 있는 자아를 찢으며 나의 정체성을 확장하거나 바꾼다. 그렇게 동물과 인간은 서로를 현실적으로 긍정하면서 둘이 함께하는 무대 위에서 춤을 출 수 있다. 그러려면 우리는 동물에 대해 더 많이 알아야 한다.

영화 〈늑대와 함께 춤을〉(1990)에서 주인공은 야생을 상징하는 늑대와 춤추며 자연친화적 삶으로 돌아간다. 대평원에서 '하얀 발' 늑대는 주인공을 계속 따라오며 먹이를 구하고 함께 놀기도 한다. 그의 이름이 '늑대와 춤을'이 된 연유이다. 그와 늑대의 춤은 훌륭하다. 그런데 이 책에서 나는 야생 늑대와의 춤추기뿐 아니라, 도시 골목길의

냄새나는 자동차 아래 몸을 숨기고 나를 바라보는 '그' 동물과도 춤추기를 원한다. 가끔 스텝이 맞지만 대체로 어긋나는 춤, 멀어졌다 가까워지기를 반복하는 춤, 낯선 파트너를 의심하면서도 믿을 수밖에 없는 춤, 병에 걸려 죽어가는 것을 지켜보면서 추는 춤, 서로의 역사를 존중하고 기억하는 춤, 서로를 함께 춤추는 파트너라는 사실을 인정하는 춤을 추길 원한다. 이 책은 서로를 먹어야 하는 얽힌 관계 속의 우리, 함께 잘 살고 잘 죽어야 하는 우리, 가이아 지구의 역사를 함께 써온 우리, 그리고 가이아 지구의 역사를 계속 써나가야 할 우리, 정치 테이블을 함께 짜야 하는 우리에 대한 이야기이다.

①

동물해방인가,
동물권리인가,
동물관계인가?

밍크는 해방되었을까?

'동물이란 무엇인가?'라는 질문은 동물의 정체성에 대해 묻는 것이다. 정체성이란 자기 내부에서 일관성을 유지하는 통합된 관념이나 타자와는 다른 본질적 특성을 말한다. 그렇다면 동물의 정체성에 대해 우리는 무엇이라고 답할 수 있을까? 동물이 누구인지 인간의 시각으로 답할 수 있을까? 이에 대납하기 어렵다면 우리는 동물에게 '당신의 정체성은 무엇인가'라고 물을 수 있을까? 동물은 자신을 무엇이라고 설명할까? 설사 동물이 정체성에 대한 질문에 답한다고 하더라도, 우리는 그 뜻을 이해할 수 있을까?

그렇다면 '동물이란 무엇인가?'라는 질문은 별로 효과적이지 않은 것 같다. 동물에게 인간과 같은 내면적 일관성이나 자아 개념, 그리고 다른 존재와 구별되는 본질적인 것이 있는지 우리는 알 수 없기 때문이다. 또한 그러한 정체성을 찾아내는 것이 어떤 점에서 이로운지도 모호하다.

인간 사회에는 '정체성 정치identity politics'라는 개념이 있다. 그것은 특정 공동체 내에서 주변화된 소수 집단이 억압되었던 자신의 차이와 개성을 정체성의 관점에서 인정할 것을 요구하는 정치적 활동을 말한다. 여성, 장애자, 성적 소수자, 비백인, 난민, 이주 노동자와 같은 집단이 자신의 특수한 정체성을 토대로 평등한 대우와 사회적 존중 등을 요구하는 것이다. 그렇다면 동물은 우리에게 억압받는 소수 집단이라고 할 수 있을까? '동물이란 무엇인가'라는 질문은 결국 동물과 인간의 관계를 정체성 정치의 차원에 머물게 한다. 그러나 동물은 인간과 다른 종이므로, 동물을 인간의 하위 범주나 차별받는 소수자의 차원에서 바라보고 접근하는 것은 곤란하다. 동물을 인간처럼 바라보아서는 안 되기 때문이다. 존재론적으로 평등하다고 할지라도 동물을 인간화해서는 절대로 소통의 관계로 나아갈 수 없다. 인간화된 동물은 '그' 동물이 아니기 때문이다. 이때의 소통은 나르시시즘적이다. 즉 인간과 동물 타자와의 대화가 아니라, 비슷한 인간끼리의 말하기에 가깝다는 뜻이다.

1998년 영국 남서부 뉴포레스트에서 급진적 동물권 단체 동물해방전선Animal Liberation Front 활동가들이 밍크 농장에 침입하여 비좁은 케이지에 갇혀 죽음을 기다리던 밍크를 풀어주었다. 6,000마리나 되는 밍크는 인간에게 명품 털을 상납하기 위해 갇혀 있다가 넓은 숲과 늪지로 '해방'되었다. 인간의 권리와 동물의 권리의 가치가 동등하다고 주장하는 이 단체의 활동가들은 직접행동을 통해 공장식 농장에 갇힌 가축, 대학 실험실의 원숭이, 수족관의 돌고래를 구출해 '자연'으로 돌려보냈다.* 2013년 미국 동물권

* 기사 「그들은 진정한 동물의 대변자였을까」-〈한겨레21〉 2019년 2월 22일 게재 참조.

운동가 두 명은 미국 전역을 돌아다니며 밍크 농장의 기물을 파손하고 밍크를 풀어주었다. 이들은 아이다호 주에서 1,800마리, 위스콘신 주에서 2,000마리, 아이오와 주에서 500마리, 펜실베이니아 주에서 1,000마리의 밍크를 해방시켰다. 이들은 정말 밍크를 해방시킨 것일까?*

야생 밍크는 활동 반경은 8제곱킬로미터나 되지만, 모피 농장의 밍크는 너비 30.5센티미터, 길이 46센티미터인 좁은 우리에 갇혀 있다. 반수중 동물인 밍크는 야생에서는 물가에 살며 하루의 65~70%를 물속에서 지낸다. 하지만 밍크 농장에서는 마시는 물 이외에는 물과 접촉할 수 없어서 밍크들은 자해를 하는 등 신경질적인 행동을 보인다. 모피 농장의 밍크들은 스트레스 때문에 15%가 일찍 죽으며, 모피를 벗기는 순간까지 생존한 밍크들도 가스실에서 질식사를 당하거나 목이 부러뜨려져 최후를 맞이한다.**

이처럼 인간은 밍크를 털을 얻기 위한 도구로 다룬다. 모피 산업에서 밍크는 개성을 가진 존엄한 존재가 아니라 자본의 가치를 갖는 자재로 취급당한다. 그러니 밍크의 서식지가 얼마나 넓어야 하는지, 서식지의 환경은 어떠

* 기사 「밍크 해방 동물권리운동가에 '징역 2년'」-〈라디오코리아뉴스〉 2016년 5월 4일 게재 참조.

** 기사 「'동물의 원혼' 서린 모피코트」-〈시사저널〉 2021년 10월 2일 게재 참조.

해야 하고 물은 얼마만큼 필요한지, 어떤 먹이를 좋아하는지 알 필요가 없다. 오히려 밍크 사육자는 밍크에 대한 적극적인 무지가 필요하다. 밍크 사육자의 잔인함은 최소한의 비용으로 최대의 가치를 산출해야 한다는 목적에 의해 생겨난다.

뉴포레스트의 동물권 운동가들은 이러한 인간의 학대와 억압으로부터 밍크를 해방시킨 것이다. 이들은 인간에게 행복할 권리가 있는 것처럼 밍크에게도 행복할 권리가 있으며, 인간의 자유만큼이나 밍크의 자유도 중요하다고 주장한다. 동물에 대한 이들의 입장은 정의롭다. 그러나 활동가들은 밍크에게 행복과 자유를 주었을까? 이때 행복과 자유는 누구의 것일까?

밍크들의 해방 이후, 풀려난 밍크들이 숲과 늪지에서 토끼와 새 등을 자신의 본능대로 잡아먹어 인근 지역 생태계를 교란한다는 문제가 제기되었다. 풀려난 밍크들은 비좁은 우리에서 사육당해 숲에서 살아갈 능력이 부족했고, 결국 인간이 사는 마을로 내려와 반려동물과 어린이들을 위협했다. 이를 이유로 당국은 밍크를 보는 즉시 죽여도 좋다는 허가를 내렸고, 밍크들은 사람들에게 잡혀 죽거나 숲에 적응하지 못해 오래 살 수 없게 되었다. 밍크는 밍크 농장에서도 드넓은 숲에서도 행복과 자유를 누릴 수 없었던 것 같다. 오히려 '해방'된 밍크들은 생전 처음 보는 숲에서 당황했을 것이다. 동물권 활동가들은 정말 밍크를 해방시킨 것일까? 여기서 자유나 해방은 밍크의 것이 아니라 인간의 것이다. 그들은 노예에게 해방이 필요했던 것처럼 밍크에게도 같은 종류의 해방이 필요하다고 생각한 것이다. 활동가들은 동물의 관점에서 밍크를 바라보지 않았다. 밍크를 인간의 관점에서 바라보았기 때문에 밍크를 사지로 몰아넣은 것이다. 사육되던 밍크에게 필요한 것은 드넓은 숲이 아니라 잘 관리된 넓은 서식지와 좋은 먹이와 충분한 물이었을 것이다.

1980년대 이후 동물권 운동은 구출에서 끝나지 않고, 구출 동물에 대한 책임과 돌봄의 방향으로 진화하고 있다. 우리나라에는 '새벽이생추어리'가 그 포문을 열면서 동물해방이 자유에서 행복과 책임의 단계로 나아간 것 같다. 생추어리sanctuary는 1986년 동물권 활동가 진 바우어Gene Baur가 축산 농가에서 버려진 양 한 마리를 구출한 뒤 이러한 동물들이 안전하게 살아갈 수 있는 환경으로 조성한 피난처, 안식처를 말한다. 새벽이는 한국 최초로 축산 농장에서 구출된 돼지의 이름이다. 2019년 동물행동단체 '디엑스이 코리아DxE Korea' 활동가가 생후 2주가 지난 새끼 돼지를 경기도에 있는 한 종돈장의 분만사에서 구출했다. 새끼 돼지 새벽이는 꼬리가 잘리고, 이빨이 뽑히고, 고환이 제거된 채 극심한 곰팡이 피부염을 앓고 있었다.

종돈사에서 반복적으로 새끼를 낳아야 하는 엄마 돼지는 구출하지 못했고, 함께 구출된 다른 새끼 돼지는 자연사했다. 2020년 '새벽이생추어리'가 문을 열었고, 구출된 다른 축산 동물들도 이곳에서 치료받으며 살아갈 수 있다. 최근에는 아쿠아리움에 살던 벨루가를 해외에 있는 바다 생추어리로 보내는 방류 프로젝트가 진행되고 있다고 한다. 동물권 활동가들의 불법적인 '공개구조'를 통해서가 아니라, 아쿠아리움을 운영하는 대기업에서 진행한다고 하니 생추어리에 대한 인식이 확장되고 있는 것 같다.

생추어리는 동물학대를 고발할 뿐만 아니라, 구출된 동물의 행복과 안전을 위한 인간의 돌봄과 책임을 보여준다는 점에서 현실적으로 필요한 실천이다. 그럼에도 생추어리에서는 여전히 인간이 학대받는 동물을 해방하는 해방자, 병들어 고통받는 동물을 치료하고 돌보는 책임자의 역할을 맡는다. 동물 정의를 앞장서서 실천한다는 점에서 박수를 받아야 마땅하지만, 그것은 동물과 함께 살아가는 다양한 방법 중 하나일 것이다. 사태의 복잡성을 인정하고 주의 깊게 상황을 긍정하면서, 우리는 인간중심주의를 버리고 인간과 동물의 관계를 사유해야 한다.

모든 동물은 평등하다-동물해방론

동물의 권리를 인정하는 행위는 급진적이다. 그러나 동물을 인간의 관점에서 이해할 때 동물의 권리라는 의미는 무의미해지기 쉽다. 지금은 동물해방전선이 가졌던 이념적 급진성이 조금은 대중화된 것 같다. 동물의 권리가 법과 제도 속으로 편입되는 것이 세계적 추세이기 때문이다. 우리 법에도 동물보호법이 있다. 이 법의 목적은 동물에 대한 학대 행위를 방지하고, 동물의 생명을 보호하고 안전을 보장하며, 동물복지를 증진함으로써 사람과 동물의 조화로운 공존을 이바지하는 것이다.* 이제 동물을 사육할 때 학대하는 것은 불법이다. 1990년대 동물해방전선 활동가들의 이념이 어느 정도 법에 들어온 것이다.

1976년에 조직된 동물해방전선의 이념적 뿌리는 동물권을 주창한 실천윤리학자 피터 싱어Peter Singer의 동물해방론에 있다. 피터 싱어의 동물해방론은 동물권 운동과 동물보호법 제정에 크게 기여하였으며, 현재 진행 중인 동물 연구나 동물 정치 이론의 토대가 되었다. 봉준호 감독의 영화 〈옥자〉에도 동물해방전선 활동가들이 등장하는데, 그들은 복면을 쓰고 나타나 동물실험에 반대하는 급진적 활동을 벌인다. 그들은 현실에서 밍크를 구출해낸 것처럼,

* 〈동물보호법〉 제1장 제1조.

동물실험을 위해 끌려간 돼지 '옥자'를 구출해내려 한다. 이러한 활동의 이론적 기반을 마련한 피터 싱어는 저서 《동물해방》에서 동물의 고통에 주목한다. 고통은 의식 상태를 지칭하는 것으로서 '정신적인 사건'이다.

《동물해방》의 1975년 초판 서문에서 피터 싱어는 '동물 사랑'에 관한 재미있는 일화를 소개한다. 당시 영국에 있었던 그는 한 부인으로부터 차와 샌드위치 대접을 받았다. 부인은 "저는 동물을 너무 사랑합니다"라고 말하면서 개 한 마리와 고양이 두 마리를 키운다고 자랑했다. 그리고 피터 싱어에게 어떤 애완동물을 키우는지 묻는다. 싱어는 자신은 애완동물을 키우지 않는다고 말하자 그 부인은 놀라 "하지만 싱어 씨는 동물에 대해 무척 관심이 많지 않나요"라고 되물었다. 싱어는 자신은 한 번도 개나 고양이를 애완동물로 키우는 방식으로 동물을 좋아한 적이 없다고 대답한다. 피터 싱어 자신은 동물을 '애호love'하지 않았다. 그는 동물들이 쾌감과 고통을 감수할 수 있는 능력을 지닌 독립된 존재로 처우받기를 원하며, 동물이 인간의 목적을 달성하기 위한 수단으로 취급되지 않기를 바라는 방식으로 동물에게 관심을 둔다고 말한다. 그는 '귀여운 동물'에 초점을 맞추는 것이 아니라 동물을 도구화하는 인간의 모든 행위에 대해 '분노'를 느낀다고 쓴다. 동물에 대한 싱어의 입장이 분명하게 드러나는 일화다.

나는 동물을 나와 다른 개성적 존재라고 생각하게 된 후로 고양이에 대한 나의 태도에 주의를 기울이게 되었다. 내가 고양이의 삶과 죽음을 전적으로 책임지는 부모처럼 행동하는 건 아닐까? 내가 고양이를 지배하려 들 때가 있지 않나? 귀여움과 순수함을 보여주는 고양이를 사랑하려고 한 것은 아닐까? 이렇게 자꾸 나를 되돌아보는 것은 아마 순간순간 그러한 태도를 가졌던 때가 있었기 때문일 것이다. 동물에게 관심을 갖는다는 것은 나에게 충실하고 귀엽게 구는 반려동물을 사랑한다는 것과 다른 얘기이다. 동물의 특정한 부분을 선택해서 좋아하는 것은 동물을 사랑하는 행위가 아니다. 이때의 사랑은 사랑이라기보다 상대를 마음대로 할 수 있다는 폭력적 행동이나 상대를 나의 소유로 여기는 행위에 가깝기 때문이다.

싱어는 동물이 쾌감이나 고통을 느끼는 존재, 즉 '쾌고감수능력sentience'을 지녔음을 아는 것이 중요하다고 말한다. 정신적 사건으로서의 쾌고감수능력을 갖는다는 것은 동물이 의식과 지성을 가진 독립적 존재라는 것을 뜻한다. 고통은 본인이 느끼는 것이기 때문에 타자의 고통에 대해 우리는 미루어 짐작할 수밖에 없다. 따라서 동물(특히 포유류와 조류)이 고통을 느낀다고 추정할 수 있는 것은 고통스러운 상황에서 몸을 뒤틀고 얼굴을 일그러뜨리고 신음하거나 고함을 치거나 회피 행동을 보이기 때문이다.

혹은 어떤 동물들은 우리와 유사한 신경계를 갖고 있으므로 고통을 느낄 것이라 유추할 수 있다. 싱어는 여러 동물학자의 연구를 참조하면서 동물들의 신경계는 인간과 유사한 진화 과정을 거쳤다고 판단한다.* 동물은 쾌고감수능력을 가진 의식적 존재이기에 '이익'을 고려할 수 있다. 가령 돌과 쥐는 고통을 느낄 수 있는가에 따라 질적으로 다른 존재라는 것이다. 돌은 발로 차도 고통을 느끼지 못하지만, 쥐는 고통을 느끼고 '이익'을 고려할 수 있다. 이러한 이유로 공리주의자 벤담은 동물도 인간처럼 권리주체라고 보았는데, 싱어는 더 나아가 동물과 인간은 평등하다고 주장한다.

싱어는 이 책에서 인간을 '종차별주의자speciesist'로 규정하고 강하게 비판한다. 그에 따르면 인간은 동물의 이익과 행복을 고려하지 않는 종차별주의자이다. 인간이 동물이라는 용어를 인간이 아닌 동물을 가리키는 말로 사용한다는 점에 주목하며, 동물을 도구화하는 동물실험을 강하게 비판한다. 그는 미공군기지에서 실행했던 침팬지 실험을 바탕으로 만들어진 영화 〈프로젝트 X〉(1987)를 통해 동물실험의 실태를 고발한다. 밀렵꾼에게 엄마를 잃은 어린 침팬지 '버질'은 미국의 한 대학연구소로 팔려간다. 버

* 피터 싱어, 《동물해방》, 김성한 옮김, 연암서가, 2012, 42~43쪽 참조.

질은 연구소에서 수화를 배우다가 해당 연구에 대한 지원비가 끊기자 다시 미공군기지로 팔려 간다. 여기서 침팬지 훈련을 맡게 된 장교 후보생인 러셀은 버질이 받게 될 실험의 정체를 알고 경악한다. 모의 비행 도중 핵폭탄을 터뜨렸을 때 인간이 얼마나 견딜 수 있는가를 예측하려는 동물실험이었다. 버질은 실험 과정에서 반드시 죽을 운명이 있다. 러셀은 버질을 살리기 위해 탈출 계획을 세우고 결국 버질을 구출하는 데 성공한다.

싱어에 따르면 영화의 모티브가 된 것은 텍사스의 브룩스 공군기지에서 이루어진 실제 실험이었다. 실제 실험은 영화보다 훨씬 잔혹했다. 침팬지는 영장류 평형 플랫폼(P.E.P) 장치를 다루는 훈련을 받는데, 그 과정은 다음과 같다. 먼저 침팬지들은 조종간을 만지고 뒤로 당길 수 있도록 수천 번의 전기 충격을 받는다. 조종간을 다루게 된 침팬지는 전투기가 거꾸로 처박히거나 흔들리는 상황을 가정해 무작위로 흔들리는 의자에 앉아 평형을 유지하지 못하면 전기충격을 받는다. 이 과정은 모두 실험의 예비 단계이다. 평형을 유지하는 훈련을 마친 침팬지들은 치사량의 방사능 물질이나 화학전에 사용되는 독극물에 노출된다. 침팬지가 이러한 물질들에 노출된 상태로 얼마나 오랫동안 모의 비행을 할 수 있는지 알아내기 위해서이다. 침팬지들은 방사능으로 인해 구토를 하는 상태로 다시 조종간을 잡게 되고 장치의 평형을 유지하지 못할 경우 지속적으로 전기 충격을 받게 된다. 이토록 잔인한 실험을 설계한 공군은 도덕적 비난을 받지만, 이 실험은 전쟁 승리라는 거대한 명분으로 허용되었다. 물론 영화에서처럼 침팬지를 위한 탈출 계획도 존재하지 않았다.

싱어가 제시한 동물실험 중 충격적인 것은 안구와 피부 자극성 실험, 일명 '드레이즈 테스트Draize test'이다. 1940년대 미국 식품의약국에 근무하던 J. H. 드레이즈는 어떤 물질이 토끼의 눈에 들어갔을 때 어떻게, 얼마나 자극을 주는가를 평가할 척도를 개발했다. 토끼들은 머리만 내민 채 몸을 움직이지 못하도록 만든 장치 안에 갇힌다. 이 장치는 토끼가 눈을 긁거나 비비지 못하도록 막는다. 실험자는 장치에 갇힌 토끼의 한 쪽 눈에 실험물질(표백제, 삼푸, 잉크 등)을 투여하고, 눈에서 종기, 궤양, 감염, 출혈 등이 나타나는지 조사한다. 《동물해방》에는 드레이즈 테스트로 손상된 토끼의 눈 사진이 수록되어 있다. 어느 화학 회사의 연구원은 "토끼는 눈을 급히 깜빡거리면서 비명을 지르거나, 눈을 비벼대고 날뛰면서 도망간다"고 진술하기도 한다. 인간이 일상생활에서 사용하는 샴푸, 표백제, 화장품이 피부에 어떤 반응을 유발하는지 알아내기 위해 토끼 눈에 집어넣어 실험하는 것이다.

이 실험을 반대하기 위해 '드레이즈 테스트 폐지 연

합'은 화장품 회사 레블론사를 상대로 "드레이즈 테스트를 대체하기 위해 이익의 1퍼센트 중 10분의 1을 사용하라"는 항의를 시작했다. 이 단체는 "레블론은 아름다움이라는 허울 하에 얼마나 많은 토끼의 눈을 멀게 하고 있는가"라는 신문광고를 내고, 토끼 복장으로 레블론사를 항의 방문하는 시위를 주도했다. 그 결과 레블론사는 동물실험을 대체할 연구에 자금을 할당하기로 했다. 하지만 독극물 실험, 심리 자극 실험, 의학 실험에서 수많은 동물이 실험 대상으로 사용된다.

싱어에 따르면 동물은 쾌고감수능력을 가지고 있고 고유한 수준에서 정신적 삶을 살아야 할 권리를 가진 존재이다. 동물실험은 이러한 동물의 권리를 무시할 뿐 아니라, 학대와 착취를 공식적으로 수행한다. 그러나 동물실험이 갖는 공익성이 강조되기 때문에 실험실의 연구자뿐 아니라 동물실험 결과가 반영된 샴푸를 사용하는 우리 역시 도덕적으로 아무 문제를 느끼지 않는다. 동물실험은 인간의 편리함과 치료에 기여할 것이라는 믿음으로 정당화된다.

그러나 싱어는 동물실험이 불필요하게 진행되는 경우를 고발한다. 예를 들어 체온 상승이 동물에게 미치는 영향을 특정하는 실험이 있다. 이 실험의 결론은 체온이 일정 수준 이상으로 상승할 경우 체온을 낮추는 조치가 중요하다는 것이었다. 이는 이미 과학적으로 입증된 상식이

어서 굳이 동물실험으로 검증할 필요가 없었다. 또한 동물실험이 오히려 인간에 대한 치료를 방해하는 경우도 있다. 동물에게는 반응이 있지만 인간에게는 반응이 없는 경우 동물실험의 유익성은 없다. 1985년 미육군연구소에서 개발한 말라리아 백신은 동물에게는 효과가 있었지만, 인간에게는 효과가 없었다. 인간 지원자들을 대상으로 실험한 백신이 훨씬 효과가 좋았다고 한다. 싱어는 동물실험이 인간의 삶의 질을 개선하는 데 도움이 되었는지 측정하기 힘들다고 보았다. 그러니 동물을 도구화하는 실험은 과학적으로 유익성을 입증할 수조차 없으므로 멈추어야 한다는 것이다. 무엇보다 동물은 쾌고감수능력을 가진 독립적 존재로서 자신의 삶을 살 권리가 있다. 따라서 싱어에게 동물실험은 과학의 문제가 아니라 도덕의 문제가 된다.

싱어는 윤리적인 채식주의자가 되자고 주장한다. 그는 공장식 농장에서 살다 도축되는 소, 돼지, 가금류의 삶을, 그들이 죽어가는 잔인한 현장을 세세하게 서술한다. 특히 우리가 좋아하는 닭은 비교적 넓은 곳에서 방목하던 과거의 전통식 환경을 박탈당한 최초의 동물이다. 닭은 먹이를 적게 먹고도 빨리 성장할 수 있도록 고안된 새로운 환경에 놓인다. 먼저 인공부화장에서 깨어난 병아리들은 창문 없는 긴 닭장에 들어간다. 축사 안에는 밝은 조명을 켜두었다가 일정한 시간이 지나면 불빛이 약간 흐려지고,

나중에는 꺼진다. 닭은 잠을 자고 난 다음에 먹이를 더 잘 먹기 때문이다. 6주가 되면 닭의 몸집이 커져 우리에 꽉 차게 되는데, 이때 조명은 흐릿하게 유지한다. 과밀 사육으로 인해 나타나는 공격성을 줄이기 위해서다. 7주가 되면 이들은 도축된다.

닭은 사회적 동물이어서 서열을 이루는데, 서로를 쪼는 방식으로 싸워 서열을 결정한다. 닭 무리가 90마리에 이르러도 안정된 서열을 유지할 수 있는데, 이는 닭이 자신의 서열을 알고 있으며 무리 구성원을 개별적으로 식별한다는 것을 뜻한다. 그런데 공장식 농장에서 닭의 부리는 잘리고 만다. 나쁜 환경에서 생기는 스트레스로 유발되는 공격 행위를 줄이기 위해서이다. 부리를 자르는 행위는 닭에게 심각한 상해를 입힌다. 부리를 자르는 뜨거운 칼날 때문에 입 안에 물집이 생기고 아래턱이 부풀어 오르기도 하는데, 닿기만 해도 통증이 무척 심하다. 부리 자르기로 인해 닭들은 육체적·사회적 고통을 겪는다. 각자의 닭장에 갇혀 있으니 사회적 관계도 맺을 수 없다. 싱어는 묻는다. 인간의 식탁에 오르기 위해 닭이 이러한 고통을 겪어야 하는 것은 적절한가? 인간이 육식을 한다는 것은 옳은 일인가?

그는 종차별주의로부터 벗어나기 위해 윤리적 채식주의자가 되어야 한다고 주장한다. 동물을 위한 중요한 실천은 우리 자신의 삶에 책임을 지고, 최대한 잔인함에

〈One broken arrow hen〉, 김송이

공장식 농장에서 고통받는 닭

공장식 농장에서 태어난 지 일주일 된 병아리는 마취없이 부리가 잘린다. 적대적인 환경에 놓인 닭은 스트레스를 받아 부리로 서로를 공격하기 때문이다. 부리를 자르는 칼날로 인해 닭은 입 안에 물집이 생기고, 아래턱이 부풀고, 심한 통증에 시달린다. 게다가 서열을 정하고 무리를 이루는 사회적 동물인 닭은 사회적 관계를 맺지 못하게 되어 더욱 고통당한다.

서 벗어난 삶을 살아가자는 것이다. 그 첫 번째 단계가 바로 동물을 먹지 않는 것이다. 고통 없는 동물 사육이 가능한지의 여부를 떠나 동물이 고기가 되는 과정은 자기이익을 존중받을 권리를 인정받지 못한 것이기 때문이다. 그는 "**동물**을 먹는 것을 옳다고 말할 수 있는가"가 아니라, "이 **고기**를 먹는 것은 옳은 것인가"라고 물어야 한다고 주장한다. 우리가 먹는 것은 동물이 아니라 고기이기 때문에, 동물이 고기가 되는 과정에 대해 알아야 한다.

> 채식주의자가 된다는 것은 단순히 상징적인 제스처만은 아니다. 또한 이것이 자신의 깨끗함을 유지하고 그리하여 도처에서 이루어지는 잔혹한 처우와 살육에 대해 모르쇠로 일관하여 세상의 추한 현실로부터 벗어나려는 시도도 아니다. 채식주의자가 된다는 것은 인간 아닌 동물 살해와 고통 야기의 종식을 향한 우리가 취할 수 있는 매우 실천적이며 효과적인 행보라 할 수 있다.*

채식주의자는 음식, 식물, 자연 사이의 새로운 관계를 형성한다. 육식은 자연을 오염시키지만 식물로 만든 음식은 그렇지 않다. 싱어는 채식주의자가 된 후 뒤뜰을 일

* 피터 싱어, 앞의 책, 280쪽.

구어 채소를 가꾸고, 요리에 흥미를 가지게 되었다고 고백한다. 세상에는 채식주의 문화를 채택한 지역이 많이 있다. 엄격한 힌두교인들은 2000년 이상 채식을 고수했고 에콰도르의 빌카밤바 주민들은 채식을 하는데 100세 이상 사는 남성들이 상대적으로 많다. 마하트마 간디, 레오나르도 다빈치, 레오 톨스토이, 조지 버나드 쇼 등은 채식을 해 장수했다. 싱어는 채식주의야말로 인간의 종차별주의를 종식시키고, 다른 종에 대한 인간의 지배권을 포기할 수 있는 방법이라고 말한다. 인간은 동물을 최대한 간섭하지 말고 내버려두어야 한다는 것이다.

싱어의 동물해방론은 1970년대에 제기되어 동물에 대한 새로운 관점을 제공했다. 인간의 동물 지배와 종차별주의를 비판하고, 동물이 고통을 받지 않을 권리에 대한 이론적 근거를 제시했다. 윤리적 측면에서 볼 때 동물은 인간의 행복을 위한 수단이 아니라 인간과 평등한 권리를 가진 존재임을 밝혔다. 그럼에도 싱어의 동물해방론은 공리주의적 성격을 띠기 때문에 인간중심주의에서 충분히 벗어나지 못했고, 채식주의라는 개인적 윤리로 나아갔다는 점에서 한계가 있다. 싱어가 동물실험을 반대하는 근거 중 하나는 동물실험으로 얻는 인간의 이익이 동물실험을 하지 않았을 때 동물이 얻는 이익보다 크지 않다는 것이다. 동물실험이 인간의 치료나 생명 연장에 그다지 큰 도움이 되지 않는다는 근거로 반대하는 것도 마찬가지 이유다. 또한 그는 인간의 입맛은 동물의 고통에 비해 사소한 것이므로 육식은 옹호될 수 없다고 주장한다. 공리주의적 동물해방론은 인간중심주의를 벗어나지 못한 셈이다.

또한 그는 동물과 인간의 평등성을 주장하면서 동물과 인간을 비교하는데, 동물과 지적 수준이 비슷한 뇌 장애가 있는 성인이나 어린아이와 같은 존재를 예로 들고 있다. 싱어는 동물을 의식이 있는 동물과 그렇지 않은 동물로 구분하고, 인간 역시 동물 이상의 성숙한 인간과 그렇지 못한 인간으로 구분하면서 위계화한다는 것을 알 수 있다. 종차별주의를 거부하기 위해 동종의 차별을 논리적 전제로 삼는 역설이 존재한다.

싱어는 개인의 위치에서 동물실험과 육식 문제를 비판하고, 그것을 채식주의라는 개인적 결단으로 해결하려고 한다. 그는 인간에 의한 종차별주의와 동물학대를 해결하기 위한 정치적 논의로까지 나아가지는 않았다.

동물도 시민이다-동물권리론

사람과 산책하던 개가 다른 사람을 물어 상해를 입히는 사건은 흔하게 발생한다. 우리나라 반려동물 가구가 600만이 넘었고, 반려인은 1,400만 명이 훌쩍 넘었다. 반려동물은 우리 사회의 주요 구성원이 되었다. 그렇다면 개가 사람을 문 사건에 대해 법은 어떤 입장을 취할까? 개가 사람을 물었으니 개의 폭력성이 문제인 것 같기도 하고, 개를 제대로 관리하지 못한 사람에게 책임을 물어야 할 것 같기도 하다. 법은 개를 어떻게 생각할까? 싱어의 입장에 따른다면 쾌고감수능력과 고도의 의식체계를 지닌 개는 인간과 평등하다. 그렇다면 개에게도 법적 지위를 인정해야 하지 않을까? 그런데 현재 법률상 개는 주인의 소유물로 취급되기 때문에 법적 책임 주체가 아니다. 목줄 안 한 개가 다른 사람을 물면 개 주인은 형사처벌을 받는다. 동물보호법에서 법적 주체는 "소유자"로 규정되어 있다. 소유자란 반려동물을 키우는 주인, 곧 사람을 지칭한다. 동물은 법적으로는 사람의 소유물이나 재산일 뿐이다.

동물의 법적 권리에 관한 흥미로운 옛날 이야기가 있다. 조선 시대 태종 때 코끼리가 유배당했다는 기록이 있는데, 이는 코끼리가 법적 주체로 다루어졌다는 의미다. 태종 때 일본 국왕이 코끼리를 바쳤는데, 코끼리는 우리나라에 없었던 동물이었고 태종은 군사 업무를 담당하는 삼군부에서 기르도록 지시했다. 그런데 '이우'라는 자가 코끼리를 보러 왔다가 코끼리를 추하다고 비웃으며 침을 뱉었는데, 분노한 코끼리에게 밟혀 죽게 된다. 이 사건을 어떻게 처리해야 할지 조정에서는 의견이 분분했다. 코끼리는 사람을 죽이고 콩을 너무 많이 먹어 해를 끼친 동물이지만 일본 국왕이 선물했으니 함부로 대할 수도 없는 노릇이었을 것이다. 이때 병조판서 유정현이 법을 논하면서 해결책을 제시한다. 법에 따르면 사람을 죽였으니 죽이는 것이 마땅하나, 상황을 고려하여 전라도 해도로 유배 보내기를 청한다. 실록에 따르면 임금은 웃으며 그대로 따랐다고 한다.* 코끼리에 관한 기록은 유배가 풀려 다시 한양으로 돌아오는 것으로 끝난다.

이 이야기에서 코끼리는 법에 의거해 처벌을 받은 법적 주체다. 살인을 저질렀으니 법에 따라 응당 죽어야 하지만, 코끼리는 인간이 아니므로 법을 동일하게 적용하기는 어렵다. 코끼리는 살인이라는 죄에 대한 죗값을 어떻게 져야 한단 말인가? 고민 끝에 내려진 적정 수준의 처벌이 유배형이었던 것이다. 코끼리는 인간과 다르지만 그렇다고 해서 물건은 아니다. 태종 때 사람들은 코끼리에게도 책임을 물을 만큼 의식과 지혜가 있었던 것 같다. 법체계가 발달한 지금 우리는 동물을 물건처럼 대하고 있다. 태종 때의 코끼리 이야기는 우리에게 동물을 다르게 사유할 수 방향에 대한 아이디어를 제공한다.

2021년 법무부는 민법에 동물은 '물건이 아니다'라

* 《태종실록》 21권, 24권, 26권, 27권 참조.

는 조항을 신설하는 개정안을 마련했다. 이로써 동물은 가방이나 자전거와 같은 물건은 아니게 되었지만, 여전히 법적 주체는 아니다. 법체계상 동물은 권리의 객체에 위치한다. 2019년부터 2022년 5월까지 고양이 13마리를 살해하거나 유기한 27세 남성은 2021년 12월 이후 저지른 범행에 대한 혐의로만 검찰에 송치되었다. 이전의 범행은 동물보호법 개정 이전의, 동물이 물건의 지위에 있었던 시기의 범행이어서 과태료 처분만 받았다. 그러나 지난 동물보호법의 개정으로 2021년 12월 이후의 범죄에 대해서는 3년 이하의 징역 또는 3,000만 원 이하의 벌금형에 해당하는 형사처벌을 받게 되었다.* 최근에는 길고양이를 학대하고 죽인 30대 남성이 개정된 동물보호법을 적용받아 징역 2년 6개월의 실형을 선고받기도 했다.** 동물이 법적 주체가 아니라는 것은 여전하지만, 동물의 법적 지위는 변하고 있다.

동물이 인간의 소유물이라는 오래된 생각은 동물을 보호하고 관리해야 할 하등한 대상으로 존재하게 한다. 그러한 사고는 동물이 인간과 존재론적으로 평등하다거나,

* 기사 「고양이 12마리 연쇄학대범, 범행 대부분 '과태료 처분'」-〈JTBC 뉴스〉 2022년 8월 4일 게재 참조.

** 기사 「길고양이 죽여 초등학교 앞에 매단 학대범…징역 2년 6개월」-〈JTBC 뉴스〉 2022년 9월 21일 게재 참조.

인간의 문화는 동물과 함께 형성되었다는 공생적 사유를 가로막는다. 그런데 동물을 삶의 주체로 인정하고, 나아가 인정이론적 관점에서 시민권을 부여하자는 논의가 진행되고 있다. 동물도 인간 사회의 시민이 될 수 있다는 논리의 근거는 무엇일까?

피터 싱어가 공리주의적 관점에서 인간 동물과 비인간 동불의 평등성에 주목하고 동물의 도덕적 지위를 논의했다면, 톰 레건Tom Regan은 동물의 내재적 가치를 주장하고 윌 킴리카Will Kymlicka는 동물의 권리에 관한 논의를 정치론으로 전환하였다. 이처럼 인간에 의한 동물 착취를 막을 수 있는 동물권 논의는 상호인정에 기초한 동물시민권을 주장하는 킴리카의 동물정치로 이행되었다. 그는 오랫동안 인간과 함께 살아온 동물의 존재론적 차이를 존중하고, 법적으로 인간과 동등한 시민으로 인정해야 한다고 주장한다.

먼저 톰 레건의 견해를 알아보자. 레건은 미국의 철학자로, 킴리카에 앞서 동물권에 관한 논의를 펼쳤다. 그는 《동물권 옹호론The Case for Animal Rights》(1983)에서 동물에게 '내재적 가치inherent value'가 있다고 주장했다. 어떤 존재가 '삶의 주체subject-of-a-life'라면 내재적 가치를 지니며, 동물을 욕구, 지각, 기억, 감정 등에 기초한 삶의 주체라고 보았다. 삶의 주체란 "단지 생명활동biology

이 아니라, 전기biography를 가진 존재"를 지칭한다.* 전기는 어떤 인물의 생애를 이야기로 풀어놓은 것이므로, 레건은 동물이 단순한 생명활동을 이어가는 생명체가 아니라 삶의 이야기를 가진 주체라고 보았다. 이야기란 과거, 현재, 미래라는 시간성을 갖는다. 시간성을 갖는다는 것은 단지 살아 있다는 것이 아니라, 삶의 의미를 안다는 뜻이기도 하다. 레건이 말하는 '삶의 주체로서의 동물'은 무엇을 의미하는 것일까?

삶의 주체가 되는 것은 단지 살아 있거나 의식을 가진다는 것 이상을 함의한다. 레건은 어떤 개체가 삶의 주체인지 판단할 수 있는 기준을 다음과 같이 나열한다. 믿음, 욕구, 지각력, 기억력, 그리고 자신의 미래를 포함한 미래에 대한 의식을 가질 것, 쾌락과 고통의 느낌을 수반한 감각적 삶을 살 것, 선호와 복지에 관한 이익을 가질 것, 자신의 욕구와 목적을 추구하기 위해 행동할 능력을 지닐 것, 시간이 지나면서 정신적 정체성을 가질 것, 자신의 삶이 다른 존재들의 유용성이나 이익의 대상이 되는 것과는 독립적으로 성공하거나 실패한다는 의미에서 개별적 복지를 가질 것.**

* 김태희, 「동물의 인격: 시간성에 기초한 후설의 동물존재론 해석」, 《철학과 현상학 연구》 70, 2016, 37쪽.

** Tom Regan, 《The case for animal rights》, University of California Press, 2004, p.203 참조.

신경과학자들이 모여 발표한 '의식에 관한 캠브리지 선언The Cambridge Declaration on Consciousness'을 보면 동물도 신경해부학적·신경화학적·신경생리학적 기질을 가지고 있다. 특히 포유류나 조류는 인간과 비슷한 신경시스템을 진화시켰다. 그런 점에서 일부 동물은 고도의 의식 체계를 지녔다고 볼 수 있다. 그러나 레건은 단지 의식을 가진 것만으로 동물에게 권리가 있다고 주장하지 않는다. 그에 따르면 동물은 믿음, 욕구, 기억력, 감정, 선호와 복지, 시간에 따른 정체성을 갖는다. 따라서 동물은 삶의 주체라 할 수 있으며, 권리를 가질 수 있다. 이러한 관점은 동물과 인간이 도덕적 지위 면에서 차이가 없다고 말하는 것 같다. 그는 지적 장애가 있는 사람에게 기본적인 권리가 있는 것과 마찬가지로, 동물에게도 기본적인 권리가 있다고 주장한다.*

레건의 동물권 이해는 상당히 급진적이다. 그는 동물에게 의식 능력 이상인 주체성을 부여하고, 동물에 대한 종차별을 멈출 수 있는 내적 논리를 제공하고자 하였다. 레건의 관점에 따르면 동물이 인간보다 열등한 차별적 지위를 지녀서는 안 된다. 지적 장애가 있는 사람도 내재적

* 임종식, 《동물권 논쟁: 피터 싱어·탐 레건 그리고 제3의 해법》, 경진출판, 2021, 103쪽 참조.

가치와 권리를 지니듯 동물도 마찬가지이기 때문이다. 내재적 가치나 권리에는 차등을 둘 수 없다.* 따라서 인간과 동물의 종적 차등은 없다. 레건의 동물 이해는 동물의 권리를 급진적으로 구성하고 있다. 이러한 급진성은 이후 동물권 논의에 크게 기여한다.

그럼에도 그의 논리에는 일관성이 없다는 비판이 가해진다. 가령 그는 구명정이 전복되어 물에 빠진 아이와 개 중 한쪽만을 구해야 할 때 누구를 구하겠느냐는 질문에 "아이는 지적 장애아고 개는 영리한 개라면 개를 구하겠다"고 답한다. 또한 사람 4명과 개 100만 마리가 구명정에 올라탔고 구명정은 사람 4명 무게만을 감당할 수 있다면 100만 마리의 개를 보트 밖으로 던져야 한다고 말하기도 했다.** 이 발언은 자신의 동물 존중 원칙이 절대적이지 않으며 상황적임을 증명하기 위한 것이겠지만, 그의 의견에는 인간과 동물의 충돌을 해결할 수 있는 일관성은 없어 보인다. 성숙한 인간과 영리한 개, 지적 장애인 사이의 위계를 전제하는 논리도 적절하지 않은 것 같다. 의문점은 또 있다. 내재적 가치를 갖는 동물과 그렇지 않은 동물의

* 레건은 내재적 가치를 범주 개념으로 파악한다. 내재적 가치는 가졌거나 갖지 못한 것으로, 정도나 중간치는 없다고 본다. 임종식, 앞의 책, 110쪽 참조.

** 임종식, 앞의 책, 119쪽 참조.

경계선이 분명치 않다는 점이다. 고래, 앵무새, 코끼리와 같이 고도의 의식체계를 지닌 동물과 그렇지 않은 갑각류, 지렁이 등에게 동일한 내재적 가치를 부여할지에 대한 문제가 남는다.

한편 킴리카는 동물권 논의가 동물의 도덕적 지위에 초점을 맞추어왔다고 비판하면서 동물정치를 주장한다. 피터 싱어나 톰 레건이 동물과 인간의 평등성에 주목했다면, 이제 둘의 관계는 정치적으로 논의되어야 한다는 것이다. 그는 인간과 함께 살아가는 동물들이 사회적 구성원으로 인정받아야 한다고 주장한다.

킴리카는 동물에 관한 담론이 동물의 도덕적 지위에 대한 논의에서 동물과 인간 사이의 정치적 논의로 전환되어야 한다고 본다. 동물의 도덕적 지위를 보장하는 동물의 자아됨에 대한 상호주관적 인정 과정이 더 중요하다고 파악한다. 인간과 동물의 관계를 상호의존적 관계로 규정하고 그러한 관계로부터 상호주관적 인정을 통해 동물의 시민권을 정당화할 수 있어야 한다는 것이다.* 킴리카의 인정 개념은 독일의 철학자 악셀 호네트의 인정이론에 바탕을 둔다. 호네트는 '훼손 없는 상호인정'이라는 도덕적 형

* 목광수, 「윌 킴리카의 동물권 정치론에 대한 비판적 고찰」, 《철학》 117, 한국철학회, 181~182쪽 참조.

식을 지향하는데, 이는 타자 인정과 자기 인정이 쌍방향으로 수행되는 규범을 의미한다. 그는 인정을 타자와의 관계 속에서 형성되는 쌍방향적인 것으로 보지 않으면, 타자를 동일시하는 주체의 폭력이 발생하거나 인정 관계 자체가 성립될 수 없다고 주장한다. 이러한 상호주관적 관계는 사랑(우정), 권리, 연대의 형태로 나타난다.* 킴리카는 호네트가 설명한 인정의 형태가 동물과 인간 사이에 형성되어 있다고 본다. 특히 '길들여진 동물'과 인간 사이에 생기는 인정 형태는 더욱 분명하다. 이 관계에서 인간은 동물의 선호, 이해관심interest, 욕구를 알고 의사소통도 가능하기 때문이다.**

킴리카는 동물을 '길들여진 동물', '야생동물', '경계동물'로 구분하여 인간과 동물의 다양한 관계의 패턴을 제시하고, 이러한 관계 패턴에 근거하여 각각의 동물들에게 다른 권리를 부여해야 한다고 주장했다. 먼저 그는 길들여진 동물에게는 인간 사회의 구성원 자격이 있다고 보고, 사회 구성원으로서의 시민권을 부여하자고 주장한다. 야생동물은 자신의 영역에 대한 권리와 그 영역에서 자치권

* 악셀 호네트, 《인정투쟁》, 문성훈·이현재 옮김, 사월의책, 2011, 183~249쪽 참조.

** 목광수, 앞의 논문, 183쪽 참조.

이 있음을 인정하자고 했다. 경계동물은 도시에 거주하는 야생동물을 말하는데, 이들은 인간과 공동협력계획에 참여하지는 않기 때문에 거주할 권리만 있다고 보았다. 경계동물에게 시민권은 없는 거주자의 지위를 인정하고 거주의 권리를 부여하자는 것이다.* 이처럼 동물의 시민권은 야생동물이나 경계동물을 제외한 길들여진 동물에 제한하여 논의된다.

길들여진 동물은 고래나 늑대와는 달리, 인간이 그들을 우리 사회로 데려왔다는 특징이 있다. 인간은 그들을 선택적으로 번식시키고 보살피면서 인간과 협력하도록 만들었다. 그들을 독립적 존재가 아닌 인간의존적 동물로 만들어 인간 사회에 통합시켰다. 이처럼 인간 사회에 통합된 길들여진 동물의 존재를 인정하지 않은 채 인간은 자신의 문화적 정체성을 설명할 수 없다. 인간이 농사를 짓고, 건물을 세우고, 물물교환을 할 때 동물은 인간만큼이나 중요한 역할과 의무를 다해왔기 때문이다. 동물의 희생과 노동 없이 인간의 문화는 구축될 수 없었다. 가령 소는 농부와 함께 농사를 지어왔으며, 개는 사람과 함께 집과 재산을 보호했다. 나의 고양이들은 나와 육아를 함께했다. 이처럼

* Will Kymlicka·Sue Donaldson, 「Animals and the Frontiers of Citizenship,」 Oxford Journal of Legal Studies 34, no. 2, 2014, pp.202~204 참조.

길들여진 동물과 인간은 이미 상호의존적 관계 속에 있고 인정관계로 결속되어 있다.

그럼에도 인간은 길들여진 동물을 인간에게 지배당하는 최하위 카스트 집단으로 전락시켰다. 길들여진 동물들은 인간과 협력하여 공동의 삶에 기여했음에도 자신들의 감정적 욕구와 권리를 인정받지 못했다. 그들은 인간보다 열등한 존재로 인식되어 실험실과 열악한 공장식 농장에 갇혀 죽고, 인간에 의해 유기되거나 학대당한다. 인간은 상호의존적 관계를 맺는 사회 구성원으로 이미 존재하는 동물을 동등한 사회 구성원으로 인정하지 않고 있다.

따라서 그는 이미 사회 구성원인 길들여진 동물을 동등한 사회 구성원으로 인정하기 위해서 시민권이 필요하다고 주장한다. 왜 시민권이 필요할까? 예를 들어 완전한 사회 구성원으로 인정받지 못하고 권리를 제한당하며 차별적 위치에 놓인 여성, 난민, 이주자 같은 존재가 '훼손 없는 상호인정관계' 속으로 들어오려면 법적 도구가 필요한데, 그것이 시민권이다. 시민권은 소외되었던, 즉 불인정되었던 사회 구성원을 동등한 사회 구성원으로 승격시키기 위한 정치적 장치라고 할 수 있다.

따라서 킴리카는 인간과 동물의 불인정 관계를 상호인정관계로 변화시키려면 길들여진 동물에게도 시민권을 부여해야 한다고 주장한다. 이를 통해 동물이 인간과 동등한 사회 구성원임을 정치적으로 인정하자는 것이다.* 이처럼 킴리카는 모든 동물에게 시민권을 부여하는 것이 아니라, 인간이 적극적으로 인간 사회에 데려온 길들여진 동물에 한해서 시민권을 부여하자고 주장한다. 이것이 바로 킴리카가 주장하는 동물정치의 핵심이며, 동물을 도덕적 지위에 초점을 맞춘 기존의 동물권 논의를 넘어서는 견해다. 동물을 인간과 동물의 상호인정관계 속에서 바라봄으로써 도덕적 의무론에서 벗어나 있기 때문이다.

킴리카는 '동물시민권'이 우리의 민주주의를 확장시킨다는 점에서도 긍정적이라고 본다. 동물을 압제적으로 지배하고 광범위하게 통제하는 비민주적 상황에서 동물시민권 개념은 민주주의적 가치를 증진하는 것이다.** 동등한 사회구성원을 실험실에 가둬 생체 실험을 하고, 비좁은 우리에 가두고, 산 채로 묻어버리고, 고통 속에서 죽이는 행위는 인간이 자신의 존엄성을 스스로 망각하고 훼손하는 행위이기 때문이다.

킴리카의 동물시민권 논의는 지금까지 동물권을 바라보는 본질적·의무론적 관점에서 벗어나 동물권 논의를 현실 정치의 장으로 승격시켰다. 종차별주의나 동물평등

* Will Kymlicka · Sue Donaldson, 앞의 논문, p.204 참조.

** Will Kymlicka · Sue Donaldson, 앞의 논문, p.212 참조.

론에 관한 논의가 현실 정치에서 어떻게 진행되어야 할지 물꼬를 트고 있다는 점에서 큰 의의가 있다. 그럼에도 아직까지 여성, 난민, 이주자, 성소수자 등의 사회적 소수자조차 훼손 없는 상호인정관계 속으로 들어오지 못한 상황에서 동물에게 시민권을 부여하자는 주장이 얼마나 현실적 공감대를 얻을지 의문이라는 비판이 있다. 현실 정치적으로 이 문제를 해결하기 위한 법적 제도와 절차를 마련해야 한다는 과제가 남아 있다.

점차 동물정치에 대한 논의는 현실화되고 있다. 코스타리카의 소도시 쿠리다바트에서는 꿀벌과 식물, 나비 등에게 시민권을 부여하는 법안을 수용했다고 한다. 꽃가루받이를 매개하여 수정에 이르게 해 씨앗을 맺을 수 있는 수분매개자를 번영하기 위한 법안이다. 또한 네덜란드에서는 동물에게 시민권을 부여하자고 주장하는 동물당이 하원에서 5석을 얻었다. 동물이 직접 인간의 의회로 들어갈 수는 없지만, 동물을 대변하는 인간의 법적 활동은 동물정치를 실현하는 하나의 방법이 될 것이다. 이러한 변화 속에서 다음 단계로 나아가기 위한 정치적 프로세스들이 더 많이 만들어질 것으로 기대한다.

그러나 킴리카의 동물시민권 논의 역시 인간중심주의적 관점이라는 한계를 벗어나기 어려워 보인다. 동물시민권 논의에서 동물시민은 인간의 책임과 도덕의식, 관리와 보호, 그리고 인간의 법적 체계에 편입되어야 한다. 또한 동물과 인간 사이의 섬세한 상호적 관계를 토대로 새로운 의사소통 형식을 만들어내는 것에 주목하지 않는다. 인간의 민주주의적 이상이라는 목표를 실현하기 위해 동물에게 시민권을 부여해야 한다는 주장에 가깝다. 동물을 대변한다는 것과 동물의 이야기를 번역한다는 것의 차이에 대해 숙고해야 할 때이다. 그의 동물정치론에서도 동물의 목소리는 잘 들리지 않는다.

동물은 감염시키고 빵을 나누는 소중한 타자다 – 동물관계론

실험용 흰쥐에 관한 해외 광고 메일을 몇 번 받은 적이 있다. 인문학자인 나에게 왜 실험용 흰쥐를 구입하라는 메일을 보내는지 의아했는데, 생각해보니 1960~70년대 한국 정신병 담론에 관해 연구한 논문을 보고 나를 의사로 오해한 모양이다. 그런데 메일을 열어보고 광고에 나오는 흰쥐가 너무 순수하고 깨끗해 보여서 실험실에서 학대받는 동물이라는 생각이 들지 않아 깜짝 놀라고 말았다. 실험용 흰쥐에 '인류를 위한 치료제를 개발하는 숭고한 실험'의 이미지를 결합하여 동물실험의 잔인성을 지우고 있기 때문일 것이다.

동물실험은 동물권 운동가들이 반대하는 대표적인 동물학대 행위이다. 앞서 살펴보았듯 동물해방론이나 동물권리론 이론가들은 동물은 도구로 쓰이지 않을 권리를 내재적으로 가지고 있다고 주장한다. 그들은 동물실험을 즉각 중지하고 금지해야 한다고 말한다. 이러한 해법은 명쾌하지만 문제를 단순화할 위험이 있다. 실험용 쥐가 인간의 이기심에 의해 만들어진 동물이라는, 피해를 입은 객체의 이미지로만 소비될 수 있다. 물론 동물실험 반대는 이기적인 인간중심주의를 비판하는 태도라는 점에서 정의로운 행동이다. 그러나 실험용 쥐를 이 세상에 태어나지 말았어야 할 존재로 인식하게 하거나, 실험실에서 해방시켜야 할 대상으로 여기게 만들기도 한다. 물론 동물실험은 반대해야 하지만, 그것만으로는 동물이 처한 복잡한 상황을 이해하고 모든 문제를 해결할 수 없다. 실험용 쥐와 인간의 관계는 역사적·산업적·문화적으로 복잡하게 얽혀 있기 때문이다.

우리는 동물의 권리를 초월적 관점으로 보편화할 수 없으며 동시에 동물해방이라는 정의로운 수사로 상대화할 수 없다. 도나 해러웨이는 '상황적 지식'이라는 용어를 사용하여 '전체가 아닌 부분'과 '분리가 아닌 상호연결'되는 맥락을 강조한다. 상황적 지식은 사태를 초월적 위치에서 내려다보지 않는다. 그것은 초월적이고 깨끗한 위치보다는 유한적이고 불결한 위치에서 바라보는 것이다.* 상황적 지식의 관점에서 실험용 쥐는 해방되어야 할 대상이나 결코 태어나지 말았어야 할 존재로 파악되지 않는다. 그러한 관점은 주어진 이상적 정답을 가지고 쥐의 의미를 단순화하는 것이기 때문이다.

해러웨이는 실험용 쥐를 자신과 '자매지간'이라고 불렀다.** 그는 유방암을 유발하는 송양 유전자를 이식받은 쥐 '앙코마우스™'를 실험실에서 해방시켜야 할 희생자로 파악하지 않았다. 그는 앙코마우스™를 여성의 유방암 치료를 위해 만들어졌지만 동시에 유방을 가진 몸을 지닌 자매라고 보았다. 세계에서 첫 번째로 특허받은 동물인 앙코마우스™는 사실상 자연의 동물이라기보다 기술과학의 발명품에 가깝다. 앙코마우스™의 서식지는 들판이나 숲이 아니라 실험실이다. '그녀'는 강력한 국가-체제 기관들에 의해 발명되었다. 해러웨이는 자신과 같은 종인 앙코마우스™, 즉 자신처럼 유방이 부여된 사이보그의 탄생으로 누가 이득을 보았는지, 앙코마우스™는 누구를 위해 살고 죽는지를 묻는다. 1980년에서 1991년 사이, 미국에서 아프

* 도나 해러웨이, 《겸손한 목격자》, 민경숙 옮김, 갈무리, 2007, 101쪽 참조.

** 도나 해러웨이, 위의 책, 175쪽 참조.

리카계 흑인 여성의 유방암 사망률은 21% 증가했으나 백인 여성의 사망률은 유지되었을 때 앙코마우스™는 누구를 위해 살고 죽었는가를 해러웨이는 지적한 것이다.* 기술자본의 교환 회로 속에 놓인 평범한 상품이자 과학 도구인 이 쥐는 유방을 가지고 있고, 살고 죽는 존재이며, 발명된 동물이자 발명품이다. 그런 점에서 그는 하나가 아니라 여러 개이다.**

상황적 지식을 통해 파악한 실험용 쥐는 역사적·문화적·경제적·정치적 의미망 속에 존재한다. 이 실험용 쥐를 학대받는 동물, 유방암 치료로 사용되는 과학 기술의 도구, 어두운 들판을 자유롭게 돌아다닐 수 없는 구속된 쥐, 자신의 본능을 펼쳐본 적 없는 불쌍한 쥐라고 인식하는 것은 동물 정의에는 부합할지 몰라도, 동물과 인간의 역사적·문화적·기술과학적 관계에 대해서는 충분히 답하지 못한다. 이 무지는 인간과 동물의 관계를 분리한다. 따라서 인간과 동물의 관계를 학대자와 피학대자로 단순하게 설정해서는 동물 정의를 실질적으로 구현하기 어렵다. 정의란 이상적으로 존재하는 믿음체계나 이미 주어진 정언명령이 아니기 때문이다.

* 도나 해러웨이, 앞의 책, 236~237쪽 참조.

** 도나 해러웨이, 앞의 책, 176쪽 참조.

해러웨이는 동물을 어떻게 바라볼까? 해러웨이는 최근 〈반려종 선언〉에서 개와 인간의 관계를 반려종으로 설정하고, 개를 '소중한 타자'로 명명한다. 해러웨이가 과거 앙코마우스™를 자매라고 불렀을 때 분노의 감정에 있었다면, 〈반려종 선언〉에서는 개를 사랑의 시선으로 바라본다. 개를 '반려종'이라고 부르며 함께 살아가기 위해 있는 인간 진화의 공범자로 파악한다.*

동물권 옹호자들은 인간이 개를 인간 사회로 데려왔기 때문에 상호인정관계에 있으며, 권리를 주어야 한다고 주장한다. 그러나 해러웨이는 개들은 인간과 함께 살기 위해 인간 곁에 있다고 말한다. 고생물학자 팻 시프먼Pat Shipman에 따르면 개와 인간의 조우는 서로의 필요에 의해 이루어졌고, 오래된 공생 관계 속에서 개는 진화해왔다. 약 4만 년 전 극심한 기후변화로 인해 네안데르탈인이 멸종하고 현생인류가 생존할 수 있었던 이유 중 하나는 늑대-개와의 동맹 관계였다.** 시프먼은 인간이 필요에 따라 늑대-개를 인간 사회로 데려와 가축화했다고 보지 않는다. 인간에게 친밀감을 보이면서 인간 주변에서 먹이를 구

* 도나 해러웨이, 《해러웨이 선언문》, 황희선 옮김, 책세상, 2019, 122쪽 참조.

** 팻 시프먼, 《침입종 인간》, 조은영 옮김, 푸른숲, 2017 참조.

하는 특정 늑대와 인간의 상호관계 속에서 개가 탄생한 것이다. 그러므로 개들은 우리와 함께 살기 위해 존재하며, 인간 진화의 공범자이다. 마찬가지로 가축화된 개의 진화를 이끈 것도 인간과의 활동일 것이다. 가축화된 개는 시선을 통해 의사소통하는 늑대의 유전능력을 이어받았으며, 인간을 응시하는 시간이 두 배로 길어졌다. 개는 인간과 함께 살면서 소통이 더 잘되는 방향으로 진화한 것이다. 따라서 개와 인간은 오래된 공생의 역사를 함께 써왔다고 할 수 있다.

해러웨이가 키우는 개는 '미즈 카옌 페퍼Ms. Cayenne Pepper'다. 해러웨이는 '미즈'라는 호칭을 붙여 개에게 예의를 갖추었다. 그는 〈반려종 선언〉 가장 앞부분에 미즈 카옌 페퍼가 자신의 세포를 전부 식민화하고 있다고 선언한다. 카옌이 자신에게 들이미는 혓바닥은 달콤하다. 그래서 이 둘은 감염 관계에 있다. 서로의 화학 수용체를 핥으며 유전 메시지를 옮기거나 서로의 세포계에서 무언가를 가져간다. 이들은 '서로를 살 속에 만들어' 넣고 '지저분한 발달성 감염'인 '금지된 대화'를 나눈다. 이들은 서로에게 '반려종companion species'이다.

해러웨이는 자신과 함께 사는 동물을 반려동물이 아니라 반려종이라고 부른다. 그러나 반려종이라는 종은 없다. '동반자'라는 뜻의 영어 단어 'companion'의 라틴어

어원은 'cum-panis'인데, 서로 빵을 나눈다는 뜻이다. 즉 식사를 함께 하는 관계를 말한다. 그러나 우리말의 식구食口와는 다르다. 식구는 한솥밥을 먹는 가족, 부계 중심의 혈연관계를 암시하지만, 반려는 혈연을 의미하기보다 식사 동료를 뜻한다.* 해러웨이는 아기가 아니라 친척을 만들라고 제안한다.** 그에게 애완용 새는 새로 온 개의 누나이며, 인간 아기는 남동생이고, 나이 많은 고양이는 이모다.*** 이들은 서로 빵을 나누는 반려종의 관계에 있다.

하지만 이들이 행복한 관계로만 연결되어 있는 것은 아니다. 해러웨이와 카옌은 둘 다 생명권력의 통제하에 있다. 심장병이 있는 늙은 카옌은 요실금을 치료하기 위해 DESdiethylstilbestrol라는 약을 먹어야 한다. DES의 원료는 임신한 암말의 오줌에서 추출한 것이다. 한때 DES는 여성의 유산을 방지하는 용도로 복용되었지만, 끔찍한 부작용 때문에 금지되었다. 그러나 카옌에게 듣는 다른 약이 없어 DES를 소량으로 처방받아 먹는다.**** 해러웨이는 DES를

* 최유미, 《해러웨이 공-산의 사유》, 도서출판b, 2020, 31쪽 참조.

** Donna J. Haraway, 《Staying with the Trouble》, Duke University Press, 2016, p.102 참조.

*** 도나 해러웨이, 《해러웨이 선언문》, 233쪽 참조.

**** Donna J. Haraway, 위의 책, pp.104~116 참조.

통해 카옌과 실험용으로 사용된 암말과 살처분된 망아지, 부작용으로 고통받았던 과거의 여성들 모두가 반려종 관계에 있다고 본다. 함께 빵을 나눈다는 것은 행복한 식사만을 의미하지 않는다. 함께 고통을 겪고, 함께 생명정치에 구속되고, 함께 늙고, 함께 죽는 것을 모두 포함한다.

해러웨이는 오스트레일리아 셰퍼드이자 목양견인 카옌이 왜 지금 여기에 있는가를, 카옌의 품종이 만들어진 복잡한 역사에서 찾는다. 19세기 후반 미국 캘리포니아 골드러시 시기에 금광을 찾아 이주한 사람들은 다른 광부에게 양고기를 먹이기 위해 오스트레일리아와 미국 동부에서 양을 데려오면서 셰퍼드를 함께 목양견으로 데려온다. 양몰이에 우수한 견종을 만들기 위해 품종 개량이 필요했고, 이 개들은 혼합종이 된다. 품종 개량 과정에서 특정 품종의 개가 선호되고, 근친교배가 이루어지면서 병에 취약하거나 기형인 강아지가 태어나는 문제들이 숨겨지면서 개는 위태로운 위치에 놓인다. 그 과정에서 미국 서부의 목양견인 셰퍼드는 오스트레일리아 셰퍼드라고 불리게 된 것이다.*

왜 우리는 이러한 개의 역사를 기억해야 하는가? 개를 알아가며 함께 살아간다는 것의 의미를 알 수 있기 때

* 도나 해러웨이, 《해러웨이 선언문》, 217~222쪽 참조.

문이다. 이것이 반려종을 소중한 타자*로 받아들이는 과정이다. 인간과 반려종은 진화적·개인적·역사적 기억을 공유함으로써 부분적으로 연결될 수 있다. 나와 함께 살아가는 개는 추상적 개가 아니라, 나의 복잡한 현실과 실타래처럼 연결되어 있는 바로 '그' 개다. 개는 사랑받기 위해 인간의 옆에 있는 것이 아니다. 개는 학대하는 인간에게 숭고한 인산애를 요정하는 윤리적 존재나 고통받지 않을 권리를 요구하는 정의의 상징이 아니다. 이러한 개는 인간을 위한, 인간에 의한, 인간의 정의를 확장하기 위해 고안된 것이다. 반면 해러웨이에게 개는 반려종이다. 인간의 역사와 문화, 생명정치에 얽혀 있으며, 서로 빵을 나누고 감염시키며, 함께 일상을 살아가는 존재인 것이다.

해러웨이는 비키 헌Viciki Hearne을 인용하면서 개의 행복에 대해 다시 생각한다.** 언어철학자이자 반려동물 훈련사인 헌은 반려동물의 행복이 무엇인지 묻는다. 그는 반려동물의 행복이 노력, 일, 가능성의 충족 등을 통해 얻

* 해러웨이는 소중한 타자성을 다음과 같은 성격으로 규정한다. 그것은 "서로 다르게 물려받은 역사, 그리고 불가능에 가깝지만, 절대적으로 필요한 공동의 미래 모두를 책임질 수 있는, 부조화스러운 행위 주체들과 삶의 방식을 적당히 꿰어맞추는 작업, 취약하지만 기초적인 작업"을 말한다. 도나 해러웨이, 《해러웨이 선언문》, 125쪽.

** 도나 해러웨이, 위의 책, 180~182쪽 참조.

는 만족의 능력과 관련이 있다고 말한다. 헌은 조련사들이 '소질'이라고 부르는 동물의 잠재력을 끄집어낼 때 동물은 행복을 경험할 수 있다고 말한다. 개와 사람은 함께하는 훈련 과정에서 행복을 발견한다. 헌은 개 복종훈련에서 서로가 권리를 확보한다고 본다. 이 권리는 서로를 존중하고 배려하고 반응을 요구하는 권리다. 승마 경기와 유사한 장애물 경주인 어질리티 경기를 훈련하는 개와 사람이 있다고 하자. 이 둘은 서로를 존중하고, 배려하고, 기민하게 반응해야 한다. 인간이 개에게 '빨리 뛰어', '오른쪽으로 돌아'라고 일방적으로 명령하면 어질리티는 진행되지 않는다. 개는 인간의 명령을 그대로 수행하는 충성스러운 부하가 아니다. 개가 정확하게 뛰고, 돌고, 미끄럼을 타고 내려오려면 인간과 개는 서로 존중하고 반응해야 한다. 헌은 자신이 개를 가르침으로써 개에게 관계에 대한 참정권을 준다고 주장한다.* 동물에게 권리란 인간이 찾아줘야 하는 것이 아니다. 인간과 동물이 함께 권리의 관계를 맺음으로써 생겨난다.

해러웨이는 동물해방론이나 동물권의 입장에 거리를 두고 동물을 바라보고 있는 것처럼 보인다. 그는 잔인한 동물학대를 고발하지 않고, 동물의 법적 권리를 부여

* 도나 해러웨이, 《해러웨이 선언문》, 181쪽 참조.

받을 수 있는 근거를 찾지도 않는다. 카옌이 DES를 복용해야 할 때 동물-산업 복합체의 잔인성을 비판하지도 않는다. 왜일까? 해러웨이는 동물 정의에 대해 무심한 것일까? 내가 보기에 해러웨이는 동물해방론이나 동물권 담론은 자연과 문화를 분리하는 이분법에 근거해 있다고 보는 것 같다. 그들의 입장은 동물이 더 나은 삶을 누리는 데 도움이 된다. 그러나 그것만으로 동물 문제는 해결되지 않는다. 아니, 동물을 동물 문제가 아닌 동물 관계로 바라볼 때 동물과 인간의 더 나은 공생적 삶이 도래할 것이다.

동물권 지지자들이 말하는 것처럼, 동물의 행복은 동물을 가축화·자원화하는 인간 사회로부터 벗어나 독립된 공간에서 보호받을 때 가능한가? 동물과 인간, 자연과 문명은 분리되어 있지 않다. 나아가 동물과 인간은 분리되어 산 적이 없다. 가축화된 동물뿐 아니라 인간으로부터 멀리 떨어져 살아가는 야생동물도 그렇다. 인간으로부터 '멀리 떨어져 있다'는 것의 기준을 어떻게 정해야 할까? 여기서 인간은 어떤 인간인가를 먼저 물어야 하는 난점이 있다. 고래는 도시로부터 멀리 떨어져 살아가지만, 이누이트인에게는 가까이 있는 동물이다. 울산 반구대 암각화를 보면 고래는 역사적으로 인간과 가까이 있었다. 거대 도시와 바다, 현대인과 고래는 애초부터 분리되어 있지 않았다. 동물의 행복은 멀거나 가까운, 복잡하거나 단선적인, 낙관적

개 어질리티 훈련 장면 ©Ron Armstrong

인간과 개의 상호작용, 어질리티

개 어질리티는 인간의 일방적인 명령으로 진행되지 않는다. 개와 인간이 서로 존중하고 서로의 행동에 민첩하게 반응해야 어질리티를 진행할 수 있다. 이는 개에게 관계에 대한 참정권을 주는 활동이다.

이거나 비낙관적인, 더 의존적이거나 덜 의존적인 다양한 관계망 속에서 인간과 함께 살아갈 때 보장된다. 동물은 자율적 존재가 아니며, 인간 또한 독립적이지 않다. 동물은 가이아 지구에서 공생해야 할 '소중한 타자'인 것이다.

지금까지 동물에 대한 세 입장에 대해 검토했다. 세 입장은 각각의 이론적 가치와 근거를 지닌다. 그럼에도 나는 동물을 관계적 측면에서 접근하는 것이 가장 적절하다고 생각한다. 동물해방론과 동물권리론은 동물을 존중해야 하는 근거를 동물의 내면에서 찾는다. 이러한 관점이 동물의 삶을 더 나은 방향으로 나아가게 할 것임은 분명하다. 동물은 근대세계에서 인간을 위해 일하거나 식사를 제공하는 등 유용한 자원으로 인식되어 왔다. 동물을 착취와 고통으로부터 벗어나게 만들 일차적 책임은 인간에게 있다. 그러한 비판적 성찰을 급진적으로 사유하게 하는 논리가 동물해방론이나 동물시민권론일 것이다. 동물과 인간이 평등하다는 논리는 인간 역시 동물이라는 사실을 일깨워준다. 마찬가지로 동물에게도 내재적 가치와 지성이 있다는 진실을 인간이 인정해야 한다는 것도 깨닫게 한다. 따라서 인간과 동물이 평등하게 공생하는 사회를 만들기 위해 동물에게 법적 지위를 부여한다면 우리 사회는 구조적으로 더 평등해지고, 더 살 만해질 것이다. 그러나 두 이론은 동물보다 인간의 능력과 책임을 우위에 두는 인간중심주의적 시선이 잔재해 있다. 동물의 행복을 인간이 관리해야 한다는 태도가 전제되어 있다. 물론 동물에 대한 새로운 제도적 전환은 인간이 시작해야 한다. 그럼에도 동물과 인간을 분리하고 인간중심주의적인 보호 관리 시스템을 구축하려는 관점이 전제되어 있는 한, 동물과 인간의 관계는 왜곡될 수밖에 없다. 동물은 순수한 자연적 본능을 가진 추상적 존재가 아니기 때문이다.

동물과 인간은 거리가 멀건 가깝건 간에 공동의 역사를 만들고 지구적 공동 문화를 구축해왔으며, 동시에 각자의 고유한 라이프스타일을 구가하며 살아가고 있다. 나는 고양이 요다와 함께 우리 집을 만들고 있다. 고양이에게 자유를 원하느냐고 묻는 것은 올바른 질문법이 아니다. 그것은 내가 나에게 묻는 것에 가깝다. 실패와 성공이 오가는 소통을 통해 우리는 대화를 나누고, 그 과정에서 서로가 권리를 부여해야 한다. 의존하면서도 거리를 두고, 서로에게 얽힌 역사를 기억하며, 동물 아기가 아닌 동물 그 자체로 존중하고, 고통의 경감이 아니라 행복을 증진하는 방향에서 동물과 인간은 새로운 관계로 나아가야 한다.

②

쥐 이야기

쥐의 특이한 위치

우리는 동물을 애호와 친밀감의 대상, 또는 수단과 착취의 대상으로 생각해왔다. 가축처럼 인간의 문화에 깊이 개입된 친숙한 존재, 혹은 인간과 멀리 떨어진 야생지대에서 살아가는 순수한 존재로 생각해왔다. 그러나 어느 쪽에도 속하지 않은 동물이 있다. 사랑의 대상도 아니면서 특별히 쓸모도 없는, 인간 가까이에서 살아가지만 가까이 두고 싶지 않은 동물 말이다. 생생한 야생성으로 자연의 위대함을 보여주는 고래, 늑대, 사자 사이에는 절대 낄 수 없는, 특별하지 않은 동물. 소, 닭, 개처럼 인간과 가까이에 존재하지만 이득은커녕 해를 입히기 때문에 미움받는 동물. 오랫동안 혐오와 미움의 대상이었던 쥐가 바로 그 동물이다.

우리는 생물학적 분류 체계에 따르지 않고 관계적 측면에서 동물을 다양하게 범주화할 수 있다. 한집에서 살아가는 반려동물, 가축으로서의 동물, 실험실의 동물, 동물원의 동물, 인간과 근거리에 있는 동물, 야생동물, 멸종동물 등이 있다. 그러나 우리는 쥐를 어떻게 설명할 수 있을까? 인간과 쥐는 어떤 관계에 있을까? 쥐에 대해 우리는 어떤 태도를 취해야 하는 걸까? 한집에 사는 반려견과 공원에 사는 고양이의 건강과 복지에 대해서는 다양한 담론이 제시되고 있다. 실험실의 토끼와 공장식 농장에 사는 닭과 돼지에 대해서도 동물권 지지자들은 고통을 당하지 않을 권리가 있다고 주장한다. 많은 사람들은 빙하가 녹는 극지방에서 살아가는 북극곰과 멸종위기에 처한 긴수염고래에 대해 염려한다. 그러나 쥐에 대해서는 별 관심이 없다. 현대의 쥐 연구는 대체로 구제 방법이나 질병 연구를 위한 실험을 중심으로 진행되고 있다. 즉 백해무익한 쥐를 어떻게 하면 효과적으로 죽일 것인가나 인간의 질병을 극복하기 위해 쥐로 실험하는 것이 얼마나 유익한가에 대해서만 관심을 가질 뿐이다. 물론 쥐는 미키마우스처럼 문화산업의 캐릭터로 자주 등장하지만, 대체로 의인화된 것이어서 쥐에 대한 관심이라기보다 인간을 표현하기 위해 사용된다.

과거 쥐는 설화를 통해 상징화되어왔다. 십이지신의 첫 자리에 놓여 풍요·지혜·다산의 상징이 되었다. 그러나 동시에 쥐는 곡식을 훔쳐먹는 해로운 동물*로 인식되었다. 이처럼 쥐는 오래전부터 인간과 함께 살아왔으나, 현대사회에 이르러서는 가시화되어선 안 될 존재가 되었다. 쥐는 인간의 눈에 띄지 않아야 한다. 쥐는 질병의 온상이자 불

* 고대부터 한국과 중국에서 쥐는 강한 번식력(생식력)과 곡식을 훔쳐먹는 행위로 상징화되었는데, 주로 요물이나 미물로 상상되었다. 손지봉, 「한중 설화에 나타난 쥐의 형상 비교 연구」, 《포은학연구》 21, 포은학회, 2018 참조.

결함의 원천이며, 추함의 대명사로 작동하기 때문이다. 인간과 가까운 곳에서 함께 살아가지만, 눈에 띄어서는 안 되는 금지의 동물 쥐는 우리에게 대체 무엇인가?

동물 문제는 동물이라는 존재 자체보다 인간과 어떤 관계를 맺고 있는가라는 질문을 통해 탐색될 수 있다. 가령 에콰도르 아마존강 상류 유역의 루나족runa은 재규어와 가깝게 살고 있는데, 이 부족에는 숲에서 엎드려 자지 말라는 말이 있다. 재규어는 엎드려 자는 인간을 '그것', '먹잇감', '죽은 고기'로 보기 때문이다. 이러한 루나족의 금언은 재규어를 인간을 마주 응시할 수 있는 능력을 지닌 존재로 보기 때문에 존재하는 것이다.* 이러한 관점은 비인간 동물의 존재를 능동적으로 인정한다. 언제나 재규어와 맞닥뜨릴 수 있는 숲에서 살아가는 루나족은 자신을 '루나 푸마runa puma'로 보기도 한다. 루나 푸마란 '재규어-인간', 즉 재규어로 변신할 수 있는 인간을 의미한다. 루나 푸마는 인간이면서도 포식자다. 재규어에게도 인간처럼 자신만의 관점이 있다는 것을 인정한다면 인간의 위치는 달라진다. 재규어가 누구인지, 그리고 인간은 누구인지에 대한 답변은 재규어와 인간이 특정한 관계 속에 있을

* 에두아르도 콘, 《숲은 생각한다》, 차은정 옮김, 사월의책, 2018, 11쪽 참조.

때 내놓을 수 있다. 동물과 인간이 관계를 잘 맺기 위해 전제되어야 할 것은 동물에 대한 인간의 앎이다. 그 앎이 관계를 두껍고 촘촘하게 한다.

우리는 동물에 대한 앎을 확장함으로써 동물과의 관계를 재구성할 수 있다. 동물, 그중에서도 특수한 지위를 지닌 쥐에 대해 탐구함으로써 우리는 인간과 동물에 대한 나른 사유에 도날할 수 있다. 쥐의 역사와 인간의 역사가 어떻게 겹치고 변화하는지, 인간이 사회와 문화를 발전시킬 때 쥐가 어떤 독특한 역할을 했는지 살펴봄으로써 우리와 함께 살아온 쥐를 다르게 이해할 수 있다. 쥐는 왜 혐오의 대상이 되었을가? 쥐는 역사적으로 어떤 존재였나? 쥐는 인간과 동물의 윤리적 관계로서의 '동물 되기'에서 어떤 역할을 하는가? 이에 대한 답을 찾아가는 쥐 이야기를 시작해 보자.

하멜른의 쥐잡이 사나이

하멜른의 피리 부는 사나이가 쥐를 죽인 사건은 유명하다. 그러나 그림 형제의 동화로 기억되는 하멜른의 피리 부는 사나이 이야기에서 조명을 받는 것은 사나이의 피리 소리를 듣고 따라가 사라져 버린 수많은 아이들과, 약속을 지키지 않으면 큰 재앙이 따른다는 엄중한 교훈이다. 도

대체 피리 부는 사나이는 아이들을 왜 데려갔으며, 어디로 데려간 걸까? 그리고 피리 부는 사나이는 누구일까? 그림 형제가 수집한 독일 전설인 '하멜른의 피리 부는 사나이'를 다시 읽어보자.

1284년 하멜른에 알록달록한 천으로 만들어진 옷을 입은 눈길을 끄는 사내가 나타난다. 사람들은 알록달록한 옷 때문에 그를 '분팅(독일어 '분트bunt'는 '여러 가지 색깔의'라는 의미)'이라 불렀다고 한다. 그는 자신이 쥐잡이이며, 일정한 보수를 주면 마을 내의 모든 쥐는 물론 근처의 들쥐까지 몰아내주겠다고 제안한다. 쥐 때문에 근심하던 마을 사람들이 이를 받아들이자 사내는 작은 피리를 꺼내들어 불기 시작한다. 그러자 곧 집과 들에서 모든 쥐가 기어나와 그에게 몰려든다. 이제 그는 약속을 무를 수 없다고 말하며 쥐들을 데리고 베저 강가로 간다. 그곳에서 그는 옷을 벗더니 강물로 뛰어들었다. 그러자 모든 쥐가 그를 따라 물속으로 뛰어들어 죽었다.*

익히 아는 하멜른의 피리 부는 사나이는 전설답게 매혹적인 요소가 많다. 마을에 갑자기 나타나 피리를 불어 쥐를 모아들이는 사내는 중세 마술사처럼 느껴진다. 이상

* 그림 형제, 《독일전설 1》, 서울대학교출판문화원, 임한순·윤순식·홍진호 옮김, 2014 참조.

한 피리 소리를 따라 베저 강가로 몰려가는 쥐와 알록달록한 옷을 입은 쥐잡이 사나이는 괴기스러우면서도 매력적인 서사를 만든다. 우리가 그토록 싫어하는 쥐들을 신비한 방법으로 강에 빠트리는 신비한 사나이니까 말이다.

그러나 이 부분은 본론을 위한 도입부에 지나지 않는다. 중요한 사건은 그다음에 일어난다. 근심에서 해방된 마을 사람들은 온갖 핑계를 내며 사내에게 돈을 주지 않는다. 그러자 사내는 잔뜩 화가 난 채로 사라져버린다. 그 후 6월 26일, 성 요한의 축일이자 성 파울리 기념일인 그날 아침 7시에(혹은 정오라고도 전해진다) 쥐잡이 사내가 사냥꾼 같은 차림에 붉은 모자를 쓰고 끔찍한 얼굴로 나타난다. 그는 골목길에서 피리를 불기 시작하는데, 이번에는 쥐가 아니라 아이들이 그의 주변으로 몰려든다. 그중에는 이미 성인이 된 시장의 딸도 있었다. 그는 자신을 따라오는 아이들을 데리고 마을 밖으로 나가 산속으로 사라져버린다.*

우리가 관심을 갖는 부분은 바로 아이들을 데리고 떠나는 이 장면이다. 피리 부는 사나이가 떠난 이후로 마을 사람들은 아이들을 볼 수 없었고 어디로 갔는지도 알 수 없었다고 한다.

* 그림 형제, 앞의 책 참조.

하멜른 사람들은 이 사건을 하멜른 시의 역사책에 기록하기로 했다. 아이들을 잃어버린 지 며칠이 지났는지 세어 적기도 했다. 시의 역사책에는 아이들이 사라진 날이 6월 26일이 아니라 6월 22일로 적혀 있다고도 한다. 시청에는 이 사건에 관한 시구가 새겨져 있었는데, 이에 따르면 아이들이 사라진 것은 1284년이었으며 사라진 아이들은 총 130명이었다고 한다.*

옛이야기와 달리 전설은 구체적인 장소와 시대를 증거로 제시할 수 있어야 한다. 이 이야기는 독일 하멜른이라는 도시, 1284년 6월 22일(26일)이라는 날짜, 실종된 아이 130명이라는 역사적 구체성을 증거로 갖는다. 또한 하멜른 시는 공식적으로 이 사건을 기록하였다. 아이들이 사라져간 거리를 '소리 없는 길'이라고 부르며 이 거리를 지날 때에는 악기 연주나 춤을 금지했다. 결혼식 행렬이 있을 때에도 이 거리에서만은 조용히 지나가야 했다. 하멜른의 시민들은 사라져버린 130명의 아이들을 수백년 간 애도했다.

흥미롭게도 일본의 사회학자 아베 긴야는 하멜른의 피리 부는 사나이 전설을 통해 13세기 독일의 민중사를 연구했다. 그는 이 아이들이 도착한 곳은 하멜른에서 남동

* 그림 형제, 앞의 책 참조.

쪽으로 600킬로미터 떨어진 벽지의 땅 메렌의 올뮈츠 마을이라고 추정했다. 이 지역은 1241년 몽골군이 침입했을 때 유럽에서 가장 큰 피해를 입었다. 그래서 이 지역을 재건하기 위해 서유럽 사람들을 거주민 혹은 도시 건설자로 이주시켰다. 실제로 이 지역은 이주자에 의해 개발된 지역이라고 한다. 보통 이주를 중개하는 사람은 50~60명을 데려갔는데, 당시 하멜른에서 아이를 130명이나 데려갔다는 것이었다. 이는 무척 이례적인 숫자였다. 이후 1335년부터 하멜른의 출생자 수는 감소 추세를 보였으며, 흑사병의 유행으로 인구 감소도 심해졌다. 1486년 하멜른은 거의 폐촌으로 변해 거리에는 나무와 풀만 무성했다. 아베는 이를 근거로 14~15세기 어려운 시기를 보내던 하멜른 사람들에게 1284년의 대규모 이주가 가슴 아픈 기억으로 반추되면서 피리 부는 사나이 전설이 만들어졌을 것이라고 추정했다.*

1212년 독일에서 수천 명의 어린이 십자군이 일어나기도 했다. 쾰른에 사는 열 살 먹은 소년이 모세를 자칭하면서 십자군 원정을 외치기 시작하자 수천 명의 소년소녀가 알프스를 넘어 제노바에 모였다. 그러나 주교가 나서서 설득해 이들을 귀국시켜 십자군 원정은 실패했다고 한다.

* 그림 형제, 앞의 책, 93~101쪽 참조.

아베는 하멜른의 사라진 아이들은 어린이십자군에 가담한 아이들일 수도 있다고 추정하기도 했다.* 이처럼 역사가는 왜 아이들이 사라졌고, 어디로 갔는지를 탐색했다. 시민들은 돌아오지 못한 아이들을 기록하고 애도했다. 역사적으로 이 이야기의 주인공은 아이들이었다.

아베는 피리 부는 사나이도 추적했다. 하멜른 아이들 실종 사건에 관한 전설에서 쥐 사냥꾼이 처음 등장한 것은 1565년 경에 쓰인 《짐메른 백작 연대기》다. 그 이전에는 쥐 사냥꾼 모티브는 없었고, 피리 부는 사나이로만 전해졌다. 아베는 이 시기에 독일의 다른 도시에서 쥐가 대량으로 출몰하거나 급증한 기록을 찾아냈다. 이를 근거로 쥐의 대규모 출몰을 목도하면서 옛날 하멜른에서 이방인이 쥐를 물리쳤던 기적 같은 이야기를 다시 말하기 시작했다고 해석한다. 사람들은 방랑자가 나타나 쥐를 없애준 이야기에 주목하여, 피리 부는 사나이에 쥐 사냥꾼 캐릭터를 부가한 것이다.

쥐 사냥꾼 전설은 독일의 피리 부는 사나이 말고도 여러 곳에서 전해진다. 1250년 파리 근처 드랑시 마을에 쥐떼가 발생하여 피해가 극심했다. 마을 사람들은 어느 수도사에게 보수를 약속하고 쥐를 퇴치해달라고 의뢰했다.

*　그림 형제, 앞의 책, 137~138쪽 참조.

이 수도사는 마술사였는데, 자신의 주머니에서 작은 악마를 불러내 마법의 주문을 외웠다. 그러자 쥐들이 그 주위에 모여들었고, 남자는 가까운 강으로 가서 옷을 벗고 물속으로 뛰어들었다. 쥐들도 모두 남자를 따라 물에 들어가 죽었다. 이후 남자가 보수를 청구하자 마을 사람들은 거부했다. 일을 한 것이 아니라 마법을 부렸기 때문이라는 핑계로 말이다. 그러자 남자는 작은 뿔피리를 불기 시작했다. 그랬더니 마을의 소와 오리 등 가축들이 그 남자를 따라가 버렸다. 프랑스의 전설이지만 하멜른의 전설과 무관하지 않다. 아베에 따르면 쥐 사냥꾼 전설은 유럽에 널리 퍼져 있다. 실제로 쥐 사냥꾼은 쥐 퇴치 비법을 익힌 직업적 기술자였다고 한다. 이들은 독일 수공업자 조합인 춘프트Zunft를 결성하였고, 각지를 돌아다니면 자신만의 기술로 쥐를 퇴치하고 보수를 받았다.*

하멜른의 피리 부는 사나이와 쥐 사냥꾼 전설을 살펴보면 13세기 중세 유럽을 살아가던 민중들이 겪은 슬픔과 고통을 짐작할 수 있다. 민중들은 이 전설들을 구전하면서 이야기를 덧붙여 삶의 이야기를 풍요롭게 만들었다. 쥐가 출몰하여 사람들을 괴롭힐 때면 쥐 이야기를 덧붙이고, 기적과 요술이 필요할 때면 마술 피리 이야기를 덧붙였을 것이다.

* 그림 형제, 앞의 책, 243~244쪽 참조.

〈하멜른의 피리 부는 사나이〉(1592), 오거스틴 폰 뫼르스베르크

쥐 사냥꾼 전설과 하멜른의 피리 부는 사나이

현전하는 하멜른의 피리 부는 사나이를 묘사한 작품 중 가장 오래된 작품으로, 하멜른에 있었던 마르그리트 교회의 유리 그림을 모사한 것이다. 쥐 사냥꾼 전설로 시작된 이야기는 그림에서 보듯 아이들을 데리고 사라지는 이야기로 변형되었다.

그렇다면 이 이야기를 주도하는 중요한 모티브인 쥐는 어떻게 된 걸까? 쥐잡이 사나이는 쥐를 잡아주기로 한 약속을 이행했지만, 보수를 받지 못하자 복수를 한다. 하멜른 시민들은 십자군 전쟁에 참여하기 위해 따라갔거나 도시 건설 사업에 투입되었을지도 모를 아이들을 기록하고 애도하였다. 그러나 이 모든 이야기를 촉발한 쥐들은 어떻게 된 것일까? 쥐는 쥐잡이 사나이에게 퇴치되었다. 그런데 죽은 쥐는 아무도 애도해주지 않았다. 죽은 쥐들의 이야기에는 관심을 두지 않았다. 이야기를 가장 매혹적으로 만든 쥐는 이야기에서 가장 소외되어 있다. 우리는 죽은 쥐들을 다시 기억하고, 쥐가 주인공인 이야기를 다시 구성할 수 있어야 하지 않을까? 그 이야기를 수많은 이야기 속에서 재발견하고, 새로운 쥐 이야기, 쥐와 인간의 이야기를 상상해야 하지 않을까?

쥐는 박멸되지 않는다

근대 이전의 한국에서 쥐는 주로 설화에 등장한다. 설화에서 쥐는 미물이나 영물로 표현되곤 한다. 농경 사회였던 아시아에서 쥐는 흔히 볼 수 있는 동물이기 때문이 아닐까? 하지만 '쥐구멍에도 볕들 날이 있다'는 속담에서 알 수 있듯이 쥐는 부정적으로 인식되었다. 탐관오리를 비유할 때 쥐가 호명되었고, 그러면서도 십이지신의 가장 앞에 놓이기도 했다. 현실에서는 일년 내내 땀 흘려 수확한 곡식을 훔쳐 먹는, 끈질긴 생명력을 지닌 작은 동물이었지만, 설화에서는 재물의 수호신, 인간으로 둔갑하는 동물, 혼쥐(사람의 혼이 몸속에 생쥐 형태로 있다는 설화) 등 다양한 형태로 등장한다. 그중 둔갑하는 쥐 이야기를 읽어보자.

옛날에 한 영감이 살고 있었다. 이 영감은 손톱 발톱을 깎은 후 아무 데나 버렸다. 그러면 집에 사는 쥐가 나와서 손톱과 발톱을 먹었다. 여러 해 동안 영감의 손톱 발톱을 먹은 쥐는 영감과 똑같은 모습을 한 사람이 되었다. 하루는 영감이 의관을 벗어놓고 잠시 나간 사이, 사람으로 변한 쥐가 영감의 옷을 입고 집에 앉아 있었다. 진짜 영감과 가짜 영감이 서로 자기가 진짜라고 싸웠다. 그러다 진짜 영감이 집에서 쫓겨나고 가짜 영감이 이 집에서 살게 된다. 나중에 결혼한 딸이 개(고양이)를 데리고 친정에 왔다. 그런데 개(고양이)가 영감을 보고 뛰어가 물었다. 그랬더니 영감이 본래 쥐로 돌아와 죽었다.

이 설화에는 '괴서怪鼠'라는 이름이 붙었는데, '기이한 쥐'라는 뜻이다. 인간 주변에서 오랫동안 서식한 쥐가 영리해진 나머지 그만 인간이 되었다는 이야기다. 쥐가 얼마나 오랫동안 인간의 주변에서 영향을 받으며 살아왔는지를 알 수 있는 대목이다. 그런데 이야기 속에 나타나는 쥐의 '인간-되기'는 쥐가 작고 보잘것없는 존재라는 인식을 바탕으로 하여 쥐에 대한 인간의 우월성을 은연중에 드러낸다.

쥐는 한국의 창세신화에도 등장한다. 옛날에 미륵님이 불이 없어 생식을 하며 생활하다가, 이래서는 안되겠다고 생각해 생쥐에게 불과 물 중 근본적인 것이 무엇인지 물었다. 쥐는 대답하면 무엇을 주겠냐고 되물었다. 미륵은 뒤주를 차지하게 해주겠다고 답했다. 그러자 쥐는 금정산에 들어가서 한쪽엔 차돌을 들고 한쪽엔 시우쇠(강철)을 들고 툭툭 치니 불이 일어났고, 소하산에 들어가니 샘물이 솔솔 나오는 물의 근본이 있었다고 답했다.* 설화에 따르면 쥐는 세상이 창조되던 때부터, 인간이 세상에 나기 전부터 존재했다. 게다가 불과 물의 기원을 모르는 미륵에게 불이 어떻게 일어나고, 물의 근원이 어디에 있는지를 알려주는 현명한 존재였다.

이처럼 미물이면서도 영물이었던 쥐는 근대 이후에 혐오 동물이 되었다. 근대에 이르러 쥐는 위생 사업의 도입과 함께 위험하고 더러운 동물로 전락했다. 1910년대 조선 총독부의 주도하에 이루어진 쥐잡기 캠페인은 만주와 일본의 페스트 유행으로 촉발되었다. 일본 통감부는 쥐

* 김태곤 외, 《한국의 신화》, 시인사, 1998, 211쪽 참조.

의 박멸을 지시했다. 덕수궁과 창덕궁에서 쥐덫을 구입하고, 쥐를 많이 잡은 자에게 포상이 내려졌다.* 현재는 페스트와 쥐의 관련성을 부정하는 연구 결과가 발표되고 있지만, 근대초만 하더라도 쥐는 페스트뿐 아니라 전염병의 매개체로 지목되고 있었다. 근대가 지향한 위생은 문명의 영역이었고, 쥐는 그 반대편에 있었다. 쥐잡기 운동은 국가뿐 아니라 개인 차원에서도 반복적으로 전개되었다. 근대 발전을 위해 전염병의 매개이자 불결한 존재인 쥐는 퇴치되어야 했다. 쥐는 근대의 타자이면서 근대 발전의 동력원으로 사용되었다고 봐야 한다.

쥐잡기가 가장 성행했던 시기는 박정희 시대였다.** 근대 초기에 쥐가 전염병 매개체로 지목당한 것과 달리 박정희 시대에는 양곡 손실이라는 경제적 측면에서 주목되었다. 한국전쟁 이후 식량 부족 사태가 심각하여 1960년대에는 쌀 증산이 초미의 관심사였다. 쌀을 축내는 존재였으므로 쥐잡기는 국가 차원에서 이루어졌다. 쥐잡기는 위

* 권기하, 「1910년대 총독부의 위생사업과 식민지 '臣民'의 형성」, 2010, 연세대학교 석사논문, 47~48쪽 참조.

** 박정희 시대 쥐잡기 운동에 대해서는 1960~1970년대 쥐의 정치사회사적 의미를 뛰어나게 포착한 김근배의 다음 논문을 참조하였다. 김근배, 「생태적 약자에 드리운 인간권력의 자취-박정희시대의 쥐잡기운동-」, 《사회와 역사》 87, 2010.

생 문제, 양곡 손실, 인명 피해, 재산 훼손, 생활 불편을 막기 위한 국가정책이었다. 1960년대 말 쥐잡기운동은 폭발적으로 진행되었다. 이는 미육군 의학연구소의 지원을 받아 유행성출혈열을 연구하기 위해 한국에 온 생물학자 타이슨의 보고서 때문이었다. 1967년에서 1968년으로 넘어가는 겨울, 약 3개월 동안 타이슨은 경기도 파주 일대의 쥐 실태를 조사했다.* 그 결과에 한국은 경악했다.

타이슨이 발표한 「한국쥐의 생태학적 연구」에 따르면 당시 한국의 쥐는 모두 9,000만 마리로, 540만 가구에 평균 18마리씩 살고 있었다. 당시 인구가 3,000만 가량이었으므로 사람보다 쥐가 세 배나 많았던 것이다. 쥐들이 한 해 동안 먹는 양곡은 대략 240만 섬이었는데, 당시 돈으로 240억 원어치(현재 가치로는 약 5,600억 원)나 되었다. 1969년을 예로 들면 쥐가 먹은 양곡은 해외에서 수입한 양곡의 절반에 달했다.** 연구 결과가 이러했으니 한국이 식량난을 겪는 원인 중 하나로 쥐가 지목되는 것은 당연했다.

쥐로 인한 피해 실태가 과학적 연구를 통해 통계 수치로 드러나자 쥐는 국가적 퇴치 대상이 되었다. 1960년대 후반부터 매년 국가적인 쥐잡이 운동이 벌어졌다. 쥐약

* 김근배, 앞의 논문, 127쪽 참조.

** 기사 「쥐잡기 운동」-〈경향신문〉 1970년 5월 15일 게재 참조.

은 만성약제에서 급성약제로 바뀌었고, 전국민에게 무료로 지급되었다. 쥐가 전체 양곡 생산량의 20%나 먹어치우고 있다니 그대로 두고 볼 수 없는 상황이었다.

그러나 쥐를 근본적으로 없애는 것은 불가능했다. 쥐의 번식력은 어마어마했기 때문에 강력한 국가사업은 큰 효과를 거두지 못했다. 1970년대 내내 국가적 쥐잡기 운동은 연례 행사로 자리잡았다.* 식량난이 해소되지 않은 상황에서 쥐는 식량을 훔쳐 먹는 사악한 존재로 인식되었다. 이러한 부정적인 쥐 이미지는 한국 사회에 잠재적으로 뿌리내렸다. 김근배의 연구에 따르면 이 시기 형성된 '인간쥐 담론'은 쥐잡기운동의 정치적 효과로 나타난 것이다. 한국사회의 발전에 저해되는 쓸모없는 사람들은 쥐에 비유되며 '인간쥐', '사람쥐', '인쥐'로 불리게 되었다.** '인간쥐 담론'으로 쥐는 더욱 사악하고 흉측하고 백해무익한 존재로 인식되었다. 그러나 한국의 쥐잡기 운동의 확실한 성과는 쥐는 소탕되지 않는다는 결론뿐이었다.

이 시기에 개봉한 김기영 감독의 영화 〈하녀〉(1960), 〈화녀〉(1971), 〈충녀〉(1972)에는 모두 쥐가 등장한다. 세 영화에서 쥐는 단순한 소품이나 배경을 넘어서는 중요한

* 김근배, 앞의 논문, 129쪽 참조.

** 김근배, 앞의 논문, 148쪽 참조.

요소다. 그중 〈하녀〉(1960)는 스릴러물인데, 영화의 공포를 주도하는 것은 쥐다. 단란한 가정의 가장이자 음악 선생인 동식의 집에 하녀가 들어온다. 집에 쥐가 출몰해 놀란 동식의 아내가 몸이 약해지자 집에 하녀를 들인 것이다. 그런데 하녀는 쥐를 두려워하지 않는다. 쥐를 즐겁게 바라보고 겁도 없이 쥐를 때려잡고, 쥐약을 아무렇지 않게 다룬다. 하녀는 동식을 유혹해 임신을 하는데, 동식 내외는 그 아이를 유산시킨다. 하녀는 난폭해져서 동식의 아내를 계단에서 밀어 죽이고, 동식과 함께 독약을 마신다. 영화에서 쥐는 한 가정을 파괴하는 하녀의 뒤틀린 내면과 행동을 상징하며 공포스러운 분위기를 연출하는 영화적 행위자로 보인다. 1960~70년대에 쥐와 하녀는 중산층 가정에 침입한 낯선 외부자이며, 질병을 퍼뜨리거나 사람을 불행하게 만드는 근대적 타자로 그려진다. 쥐잡기 운동이 지속적이고 체계적으로 진행된 이 시대에는 쥐를 박멸해야 한다는 인식이 사회적 패러다임이 되었다. 따라서 쥐는 재산을 축낼 뿐만 아니라, 당시의 '명랑사회'를 좀먹는 백해무익하고 사악한 존재로 인식되었다.

이처럼 쥐와 하녀는 약자이자 소외된 자들이지만, 영화에서는 묘하게도 활기가 넘치는 모습으로 등장한다. 하녀는 쥐를 두려워하는 대신 바라보며 즐거워하고, 쥐는 퇴치되기는커녕 줄기차게 등장한다. 하녀는 영화에서 죽

영화 〈하녀〉 중에서

쥐를 손에 잡은 채 미소를 짓는 하녀

쥐와 하녀는 중산층 가정에 침입한 외부자이자 불행을 상징하는 근대적 타자들이다. 그러나 영화 속에서 하녀는 희생자나 패배자의 이미지보다는 다른 인물들과 달리 활기 넘치는 모습으로 묘사되며, 쥐는 퇴치되지 않고 끊임없이 등장한다.

음에 이르지만, 희생자나 패배자로 전락하지 않으며, 능동적 행위자의 역할을 담당한다. 쥐는 인간의 입장에서는 낯선 침입자처럼 보이지만, 인간의 주거지를 공유하며 살아가는 공생활자이다. 쥐를 공포스러워하는 것은 인간의 관습적 정서 구조에서 비롯된 것인데, 쥐에게 그 책임을 물을 수는 없지 않은가. 영화에서도 쥐 박멸은 실패한다. 쥐의 번식력과 활달한 생존 능력을 인간은 억제할 수 없기 때문이다. 인간은 쥐와의 전쟁에서 이길 수 없다. 쥐와의 전쟁을 벌인다는 설정 자체가 왜곡된 인식이라고 할 수 있다.

위생학, 의학, 생태학 같은 과학은 유행성출혈열 연구나 쥐 생태학 등을 통해 역설적으로 쥐를 비과학적인 존재로 만들어버렸고, 쥐에 대한 경제학의 관점도 이에 기여했다. 쥐는 위생의 적, 반의학적인 대상, 경제를 위협하는 존재이자 명확한 실체가 없는 혐오 동물이 되었다. 2000년대 초까지도 과학계는 쥐를 인간의 적으로 규정했다. 2003년 《과학기술》에 실린 논문에서는 1950년대 한국전쟁 시기부터 나타난 유행성 출혈열의 원인인 한탄바이러스의 유행이 설치류와 관련이 있으며, 이에 대한 역학적 통제가 없었다면 걷잡을 수 없는 대유행이 도래했을 것이라고 분석한다. 나아가 쥐와 인간은 적대 관계에 놓여 있으며 앞으로도 인간은 쥐와의 투쟁을 겪게 될 것이라고 경고한다.* 과학이 쥐를 인간의 적으로 확고하게 규정했다고 해도 과언이 아니며, 더럽고 위험한 쥐와의 투쟁에서 승리를 이끄는 힘은 과학에 있다고 선언했다.

하지만 과학이 쥐와 인간의 관계를 적대적으로 파악하는 것은 정말 과학적인 태도일까? 우리는 쥐에 대해 충분히 알지 못한다. 쥐는 우리에게 직접적인 유익을 주지 않을 수도 있다. 그러나 유익과 무익의 기준을 생태적 차원으로 확장한다면, 지금까지와는 다른 연구 결과가 나올지도 모른다. 우리는 쥐의 생태와 지구적 역할에 대해서는 무지하기 때문이다. 이러한 무지에서 벗어나는 길은 과학이 동물과 인간의 관계를 투쟁의 관점이 아닌 연대와 공생의 관점에서 바라보고 접근하는 것이다. 동물과 인간의 긍정적 관계성을 바탕으로 연구의 방향과 규모를 설정해야 한다. 동물과 인간의 정치적 연대를 모색하는 '코스모폴리틱스cosmopolitics'**에서 과학 역시 긍정적 참여자가 될 수 있어야 한다.

* 김기윤, 「쥐와 인간, '적과의 동침'」, 《과학기술》 38, 2003, 41쪽 참조.

** 코스모폴리틱스는 지금까지 인간과 비인간, 문화와 자연을 분리했던 인간 정치에서 이 둘을 결합하는 새로운 정치를 일컫는다. 그런 점에서 코스모폴리틱스는 사회적 역사(인간)와 만물의 역사가 다종 생태계 안에서 얽혀 있는 '집합적 역사'의 입장이라고 할 수 있다. 김환석, 「코스모폴리틱스Cosmopolitics와 기술사회의 민주주의」, 《사회과학연구》 30-1, 2017, 6~7쪽 참조.

로버트 설리번은 뉴욕의 쥐를 관찰하여 쓴 《쥐들》에서 쥐와 인간의 공생적 삶을 실감나게 묘사한다. 생물학자들의 연구에 따르면 쥐는 어딘가에 몸을 붙이고 있어야 안심할 수 있는 '접촉강박증thigmophic'을 갖고 있어 현재 자신의 위치와 늘 다니는 장소를 알 수 있다고 한다. 그가 관찰한 뉴욕의 쥐들 역시 늘 철로, 차도와 인도 사이의 연석에 몸을 밀착시기고 다닌다.

쥐는 구석진 곳에 있을 때 안전하다고 느낀다고 한다. 벽과 가깝고 위급할 때 바로 도망칠 수 있기 때문이다. 먹이를 찾아 이곳저곳을 헤맬 때나 돌진하는 트럭을 피할 때, 또는 귀가하는 주정뱅이를 피해 달아날 때나 쓰레기통 속으로 몸을 숨겨야 할 때처럼 모든 위급 상황에서 쥐는 몸이 기억하고 있는 본능적 감각을 좇아 왔던 길을 정확하게 짚어가며 안전지대에 다다른다. 어린 쥐들은 어른들이 다져놓은 길을 익히며, 다 자라서는 다음 세대에도 이어나갈 지혜를 전수한다.*

쥐는 임신 기간이 21일이고 한 번에 약 여덟 마리를 낳으며, 일 년에 열두 번까지 새끼를 낳을 수 있다. 쥐는 좁고 어두운 장소에서 안정감을 느낀다. 이처럼 번식력과 생존 능력이 탁월한 쥐는 지구 해수면 상승과 기후변화 위기

* 로버트 설리번, 《쥐들》, 문은실 옮김, 생각의나무, 2005 참조.

가 닥친 인류세Anthropocene* 시대에도 멸종되지 않을 것 같다. 그러나 설리번의 책에서 가장 인상적인 것은 쥐는 어디에나 있다는 것이다. 저자는 우리가 주의를 기울여 쥐를 찾기 시작하면 아주 많이 발견될 것이라고 말한다.

쥐의 서식지와 인간의 주거지는 겹친다. 오랫동안 쥐와 인간은 공동의 역사를 써왔다. 그런데 인간은 이처럼 공생적 관계에 놓인 쥐를 알아가기보다는 해롭고 사악한 적으로 규정하고 퇴치하려고만 한다. 우리는 쥐가 인간에게 미치는 부정적인 영향에만 몰두할 뿐, 쥐의 능력에 대

* 인류세는 기후변화, 온실가스, 자연재해, 대멸종 등과 같은 환경정치적 위기들을 지질학적 개념으로 통합한다는 점에서 생태를 넘어서는 용어다. 인류세 개념은 2002년 대기화학자 파울 크뤼첸이 '인간이 지배하는 현시대를 1만 2000년 동안 온난했던 시기인 홀로세를 대체하는 새로운 지질시대'로 제안하면서 등장했다. 인류세는 '인류'를 뜻하는 'Anthropos'와 '최근'을 지질학 용어인 'cene'이 결합된 말로, 인간이 거대한 자연의 힘으로 등장한 시기를 지질학적으로 표현하고 지구 시스템 위기를 야기한 인간의 행태를 비판한다. 크뤼첸의 선언 이후, 지질학계는 인류세를 공식적인 지질시대로 인정할지에 대한 논의를 시작했으며 인류세 연구는 세계적인 어젠다가 되었다. 《인류세》의 저자 클라이브 해밀턴은 인류세를 지질학적 정의, 지구시스템적 정의, 인간-자연관계를 둘러싼 정의로 구분하고 있는데, 그만큼 이 개념은 논쟁적이고 확장 가능하다. 인류세는 용어에 대한 찬반 논쟁(인류세 대신 자본세Capitallocene, 열세Thermocene, 플레테이션세Plantationcene, 해러웨이의 크툴루세Chthulucene 등), 기점을 둘러싼 논쟁(농경과 산림 벌채가 시작된 시기, 1492년 유럽의 신대륙 발견 시기, 19세기 산업혁명 시기, 20세기 인구 폭발기 등), 인류 개념에 대한 논쟁 등 다양한 논쟁을 촉발하고 있다.

해서는 잘 모른다. 설리번은 쥐를 이해하기 위해 도시의 쥐를 찾아 나선다. 그는 쥐가 어떤 음식을 선호하는지, 어떤 장소를 좋아하고 어떤 곳을 두려워하는지, 쥐라는 존재를 알아간다. 접촉강박증을 지닌 쥐는 자신이 지나다니는 길을 정확하게 기억하는데, 이 '기억하기'는 쥐의 지성이며 유산이다. 쥐에게도 지성이 있고 고유한 라이프스타일이 있다. 당연히 취향도 있고, 사랑을 나누고 소통도 하는 존재다. 서로 협력하고 경쟁하면서 나름의 사회질서를 형성한다. 쥐는 심장이 약해 인간의 발소리에 쉽게 놀라고, 거대한 차량을 몹시 두려워한다. 인간이 버린 쓰레기 더미는 쥐에게 풍부한 음식과 안전한 거처를 마련해주어 낙원이 되기도 한다. 설리번은 우리가 보지 못한 어둠 속, 쥐구멍 속에서 엄연한 삶을 살아가는 쥐에게도 풍부한 생명력과 활기가 있음을 보여준다. 쥐는 더럽고 위험한 병원균의 매개체나 인간의 음식을 훔쳐먹는 부도덕한 동물이 아니다. 자신의 삶을 풍성하게 살아가는 생명체다.

이처럼 쥐는 다른 동물과 구분되는 자신만의 이야기를 가진 개성적 동물이므로, 동물권론자들이 말한 내재적 가치를 충분히 지닌 것 같다. 쥐는 길들여진 동물은 아니어서 시민권을 부여하기는 어렵겠지만, 우리와 함께 살아가는 거주자로 인정하고 쥐와의 새로운 관계맺기에 대해 사유해야 한다. 실험실의 쥐만이 인간에게 유익함을 준다는 생각을 버리고, 도시의 하수구와 수많은 통로를 공유하는 쥐와 인간의 풍요로운 관계에 대해 생각해보자. 함께 살아간다는 것은 서로 연결되어 있다는 뜻이고, 그것은 전염의 가능성을 인정한다는 말이다. 그것이 무엇이든 누구든 간에 말이다. 그러니 우리는 쥐를 죽여야 하는 존재, 소탕해야 할 존재, 혐오스러운 존재로 생각하기 전에 쥐에 대해 더 많이 알 필요가 있다. 누군가와 한 공간에서 살아가려면 당연히 상대를 알아가려고 노력하고, 그 앎을 바탕으로 이해와 소통을 모색해야 하듯, 쥐에게도 그러한 태도를 취해야 한다. 이는 단순히 쥐가 마음대로 증식하도록 내버려 두어야 한다는 차원의 이야기가 아니다. 인간과 쥐의 관계를 새롭게 정립하고 공생적 삶의 모습을 상상해나가자는 것이다.

우리나라 설화에 인간과 쥐가 서로 돕는 이야기가 있다. 옛날 어느 부잣집에서 쥐가 많이 출몰해 하인들이 사방에 쥐덫을 놓았다. 그런데 집주인이 하인들을 말리며 '쥐도 살려고 생겨난 짐승 아니겠느냐? 먹을 만큼 먹이를 주면 덕석과 멕서리를 쏟지는 않을 것이다. 닭에게 모이를 주듯 쥐에게도 먹을 걸 주어라'라고 말했다. 덫을 다 치우고 쥐에게 먹이를 주고 나서 얼마 뒤 쥐 수백 마리가 서로 꼬리를 물고 늘어서서 집을 나서는 것이 보였다. 이 신기한 광경을 보려고 식구들이 집 밖으로 나오자 그 집이 폭

삭 무너졌다. 쥐들이 집안 식구들을 살린 셈이다.*

쥐와 인간의 행복한 관계를 보여주는 이야기이다. 쥐는 누구일까? 집주인의 말대로 살려고 생겨난 동물이다. 쥐들은 살기 위해 인간의 창고와 집에서 곡식을 먹으며 살아간다. 쥐들이 집주인에게 은혜를 갚기 위해 위험을 알려준 것은 아닐 것이다. 쥐들은 인간과 다른 능력을 가지고 있다. 앞니를 갉고, 후각과 청각이 예민하고, 민첩하게 행동할 뿐 아니라 달리고 뛰고 기어오르기를 잘하며, 수영도 능숙하다. 어두운 곳에 먹이를 저축하고 잔꾀가 많다. 번식력도 탁월하다. 그런 쥐는 집이 무너지고 있다는, 인간은 눈치채지 못하는 증거를 갖고 있었을 것이다. 이 집안 사람들이 모두 재앙을 피할 수 있었던 것은 집주인의 행동에 감동한 쥐가 은혜를 갚아서가 아니라 그들이 쥐의 삶에 관심을 가졌기 때문이다. 쥐의 삶을 인정했기 때문에 쥐의 이상한 행동을 알아챘을 것이다. 쥐를 함께 살아가는 동물로 생각하고, 자신의 집을 쥐와 인간의 공동주거지로 여겼기 때문에 재앙을 피할 수 있었다.

우리가 동물과 좋은 관계를 맺기 위해서는 먼저 동물에게 주의와 관심을 기울여야 한다. 이 책의 3장에서 '주의를 기울이는 기술'에 대해 다시 강조할 것이다. 물론 동물에

* 임석재, 《한국구전설화(전라남도편 1)》, 평민사, 1988 참조.

게 주의를 기울이고 동물에 대한 앎이 풍부해진다고 해서 반드시 우리의 이야기가 해피엔딩으로 끝나지는 않을 것이다. 관계란 반드시 낙관적이지만은 않다. 우리의 이야기에는 탄생과 죽음, 고통과 행복, 시작과 끝, 조화와 부조화의 플롯이 복잡하게 배치될 수밖에 없다. 동물과 인간의 새로운 이야기는 동물에 대한 일방적이고 단조로운 대상화에서 동물과의 풍요로운 관계성으로 나아가야 할 것이다.

동물-되기 혹은 쥐-함께-되기*

쥐와 인간은 어떻게 연결될 수 있을까? 인간이 쥐와 함께 살아간다는 것은 어떤 의미일까? 쥐와 인간의 관계에 대해서 깊이 생각해볼 수 있는 소설이 있다. 편혜영 작가의 소설 《재와 빨강》이다. 이 소설은 재난의 위기 속에서 인간과 쥐의 새로운 삶의 관계에 대해 생각하게 하는데, 그것을 '어두운 쥐-함께-되기'라고 부르고자 한다.

편혜영의 소설 《재와 빨강》은 한국 주재 다국적 방역업체의 약품 개발원인 '그'가 파국적 상황에서 쥐와 함께 생존하는 이야기다. 한국인인 그는 전염병이 발생하여 정

* 이 부분은 임지연, 「2000년대 재난소설의 '어두운 함께-되기' 서사와 생명정치적 장소성」, 《통일인문학》 89, 2022의 일부를 수정하여 게재한 것임을 밝힙니다.

치적으로 혼란한 C국으로 발령받고 출국한다. 그는 감기 탓인지, 소독약 탓인지, 전염병에 걸린 것인지 알 수 없는 상태에서 기침을 계속한다. 이로 인해 전염병 환자로 의심받아 쓰레기 천지가 되어버린 도시의 제4구 아파트에 격리된다. 이후 자신이 전처가 살해당한 사건의 용의자로 의심받는다는 사실을 알게 되는데, 자신을 찾아온 한국인을 피해 격리된 아파트에서 쓰레기 더미로 탈출한다. 그들이 왜 그를 찾아왔는지는 설명되지 않는데, 모호성은 이 소설의 개성이기도 하다. 그곳에서 부랑자들과 함께 지내다가 전염병 환자로 취급받아 시신을 담는 보디백에 담겨 하수도에 버려진다. 도시의 지하 하수도에서 살아남게 된 그는 쥐를 잡는 기술을 가진 덕분에 생존하게 된다. 그는 방역업체 임시 직원이 되어 지상으로 올라와 쥐잡는 일에 투입된다. 언어도 통하지 않는 외국인으로서 그는 본사로부터도 잊히고 본국과도 연락이 끊어진 채 무국적 외국인 쥐잡이로 살아간다. 이 소설의 플롯을 주도하는 것은 그와 쥐라고 할 수 있다.

소설에 나타난 그와 쥐의 특별한 관계성에 주목해보자. 재난 상황에서 사회로부터 격리된 그는 완전히 고립되는 것이 아니라 쥐나 부랑자, 쓰레기 더미와 새롭게 배치되는데, 이로 인해 쥐와 그의 관계성은 자연문화적 공동성을 보여주게 된다. 쥐와 그의 연결과 관계성을 구체적으로 살펴보자.

소각이 막 끝난 검은 재와 잔불이 남은 쓰레기 더미에서 갓 쏟아져나온 쓰레기를 뒤지고 있노라면 한 마리 쥐가 된 느낌이었다. 간신히 쓸만한 것을 건져내면 온몸이 재투성이가 되어 회색 털의 쥐와 다를 바 없어졌다. 무엇보다 쥐들이 쓰레기 때문에 먹고사는 것처럼 그와 공원의 부랑자들 역시 쓰레기 때문에 먹고살았다.

그는 쓰레기를 뒤지면서 생존을 위한 경쟁자가 부랑자들이 아니라 쥐라는 것을 실감하곤 했다. 그러나 얼마 지나지 않아 쥐가 자신과 경쟁할 만한 상대가 아니라는 걸 깨달았다. 쥐는 항상 그보다 빨랐다. 쥐는 그가 찾지 못하는 것을 찾았고 그가 먹지 못하는 것을 먹었으며 그가 먹을 수 있는 것을 먼저 먹었다. 그가 팔을 뻗을 수 없는 곳에도 거리낌이 없이 갔으며 그가 갈 수 있는 곳에는 항상 먼저 갔다.

명백히 그의 처지는 쥐보다 못했다. 한데서 잠을 자고 더럽고 혐오스러운 것을 뒤져 먹이를 구한다는 점에서 쥐와 같았으나 쥐는 무엇이든 먹을 수 있지만 그는 무엇이든 닥치는 대로 먹었다가 여러 번 탈이 나서 고생했다는 점에서 쥐보다 열등했다.*

* 편혜영, 《재와 빨강》, 창비, 2010, 118~119쪽.

그는 C국 Y시 제4구역 아파트에서 격리되었다가 쓰레기 더미로 탈출한 이후 쥐와 함께 살아간다. 이름 없이 번호로 불리던 부랑자들과 무리지어 살아가지만, 그는 쥐와 더 친연성이 있다. 외모의 유사성 때문이 아니라, 신체적 힘과 에너지 분포가 쥐처럼 변화했기 때문이다. 인간 사회로부터 배제된 그와 쥐는 서식지를 공유하면서 먹이를 두고 경쟁하는 새로운 관계를 형성한다. 이 관계를 들뢰즈와 가타리의 '되기'의 관점에서 바라보면 그와 쥐가 어떤 특징적 관계에 있는지를 보다 분명하게 이해할 수 있다.

들뢰즈와 가타리는 '되기'를 철학적으로 개념화하였다. 이들의 '되기'는 지배적이고 특권화된 인간중심주의를 비판한다. '되기'는 지배적 권력에 대항하는 '소수자-되기'를 말하며, 같은 맥락에서 '동물-되기'는 동물과 인간의 경계선을 말할 수 없게 하는 탈인간화를 지향한다. 소설에서 그는 동물을 자원으로 삼아 근대문명을 발전시키는 지배적 (남성)인간에서 추락함으로써 쥐와 함께 쓰레기 더미에서 살아간다. 쓰레기 더미와 하수도는 쥐와 인간이 잘 구별되지 않는 사이지대를 보여준다는 점에서 쥐-되기의 특징이 드러난다.

들뢰즈와 가타리의 동물 되기는 인간/동물의 이분법적 관계에서 벗어나 인간-동물의 연결 모델을 제시한다. 특히 동물-되기의 원리가 닮음과 모방이 아니라는 점에 주목할 필요가 있다. 닮음은 오히려 동물-되기를 방해하는데, 되기란 유전적이고 성적인 생산이 아니라 전염을 통한 증식에 가깝기 때문이다.*

그는 평생 쥐를 흉내 내거나 쥐의 생리를 습득하려고 노력한 적이 없다. 갑작스러운 상황에 떠밀려 생존을 위해 쥐와 비슷하게 살아가지만, 쥐보다 생존 능력이 떨어진다. "한데서 잠을 자고 더럽고 혐오스러운 것을 뒤져 먹이를 구한다는 점에서 쥐와 같았으나" 그의 생존 기술은 모든 면에서 쥐보다 열등하다. 인간 사회로부터 배제되는 과정에서 그는 특권화된 인간성으로부터도 멀어졌다. 파국적 재난 속에서 그는 탈인간화의 경로에 서게 되는 인물이다.

편혜영의 쥐-되기는 들뢰즈와 가타리의 동물-되기와는 다른 특징이 있다. 그것은 바로 '어두운 일상성'이다. 들뢰즈와 가타리의 동물-되기는 '특이자Anomal'를 강조하는 비일상의 영역에 놓여 있다. 특이자는 매혹적이고 악

* 들뢰즈는 동물-되기에서 영화 〈윌러드Willard〉(1971)에 나타난 쥐-되기를 가장 앞에 놓는데, 되기의 원리가 닮음이 아니라는 사실을 강조하기 위해서다. 되기는 상호적인 것이 아니라, 지그재그 구조로 구성된 것이다. 동물-되기는 성적 생산보다는 무리들 사이의 전염을 통한 증식에 가깝다. 성적 생산은 유전자적 동일화 과정이지만, 동물-되기는 박테리아, 바이러스, 분자, 미생물 등 완전히 이질적인 것들을 작용시킨다. 두 항을 구분할 수 없는 지그재그 운동에 가까운 것이다. 들뢰즈와 가타리는 그것을 '생성의 블록'이라고 표현한다. 질 들뢰즈·펠릭스 가타리 지음, 《천 개의 고원》, 김재인 옮김, 새물결, 2001, 443~459쪽 참조.

마적이다.* 하지만 《재와 빨강》에서 그와 쥐는 일상의 영역에서 함께 생존하는 평범한 존재들이다. 그들은 쓰레기 더미와 하수도라는 생존의 장소에서 먹고, 자고, 이동한다. 이들의 관계가 조화로운 사랑의 관계라고 할 수는 없지만, 이들은 현실적인 일상의 지평 위에 있다.

들뢰즈와 가타리는 '모비 딕'은 노부인이 키우는 작은 고양이나 강아지와는 다른 것이라고 말한다. 들뢰즈와 가타리는 작은 고양이와 강아지를 인간에게 잘 보이기 위해 꼬리를 치는 인간화된 동물로 간주하는 것 같다. 그래서 탈인간화와 소수자-되기를 지향하는 특이자 모비 딕과는 달리 고양이와 강아지는 되기를 실현하는 동물이 될 수 없다고 본다.** 반면 편혜영의 쥐-되기에서 나타나는 일상성은 도나 해러웨이의 함께-되기와 연결지을 수 있다. 해러웨이는 되기의 문제를 '함께-되기'로 개념화한다. 해러웨이는 한집에서 살아가는 평범한 개, '미즈 카옌 페퍼' 이야기를 통해 함께-되기를 사유한다. 해러웨이는 인간과

* 특이자란 가족처럼 친숙한 동물이나 분류 체계 속 동물이 아니라, 들뢰즈가 말한 '다양체multiplicity' 속의 주변적 위치(가장자리)를 말한다. 영화 〈윌러드〉에서 윌러드의 친구이자 살해자인 쥐 '벤'이나, 카프카의 소설에 등장하는 쥐 '여가수 요제피나'는 무리의 대표자가 아니라 특이자다. 질 들뢰즈·펠릭스 가타리, 앞의 책, 468~469쪽 참조.

** 질 들뢰즈·펠릭스 가타리, 앞의 책, 464쪽 참조.

비인간의 관계를 반려종이라고 선언한다. 반려종은 식탁에서 '빵을 나누는Cum panis' 관계를 말하며, 서로 다른 두 개 이상의 종들끼리 감염시키는 관계에 있다. 반려종이란 홀로 되는 것이 아니다. 두 개 이상의 종이 함께 관계 맺을 때 이들은 반려종이 된다. 따라서 이들은 그냥 되기가 아니라, 함께-되기의 존재들이다.

해러웨이는 반려종들은 실뜨기 게임을 한다고 말한다. 실뜨기 게임을 해본 사람은 알 것이다. 실뜨기는 둘 이상이 하는 게임이고, 상대의 실뜨기 패턴을 가져오면서 동시에 자기의 새로운 패턴으로 변화시킨다. 실뜨기 게임은 서로에게 응답 능력을 요구하며, 누군가 포기하지 않는 한 계속할 수 있다. 그것은 복수적 관계와 서로에 대한 책임, 그리고 규칙성의 지속과 변화를 함축한다.

실뜨기 게임을 지속하는 반려종은 한집에서 살아가는 강아지와 고양이, 같은 하수도를 공유하는 인간과 쥐, 도축되는 소와 그것을 먹는 인간, 아마존에서 살아가는 부족민과 퓨마 등에서 만날 수 있다. 또한 동물병원, 사무실, 목장, 마을, 동물 보호지, 농장, 공장 등에서 흔히 만날 수 있는 관계를 말한다.* 한집에서 살아가는 고양이 요다와

* 도나 해러웨이, 《트러블과 함께하기》, 최유미 옮김, 마농지, 2021, 28쪽, 52쪽 참조.

나를 반려종이라고 한다면, 우리는 서로 삶의 규칙을 존중하면서 날마다 다른 새로운 대화와 놀이의 패턴을 만든다. 우리는 서로에게 의존하고, 서로 책임지고, 함께 죽음을 마주할 것이다. 나와 고양이 요다는 간혹 불화를 겪을지는 몰라도 실뜨기 게임을 계속하며 살아갈 수 있다. 그러나 하수구에서 사는 쥐, 농장에서 사육되는 닭과 돼지와 인간의 관계는 의존적이기는 하지만, 낙관적이지 않을 수 있다. 북극곰은 어떨까? 빙하가 빠르게 녹으면서 서식지를 잃고 멸종위기를 맞은 북극곰은 인간과 친밀하거나 의존적 관계를 맺고 있지는 않으나 우회적으로 긴밀한 관계를 맺는다. 지구 온난화의 책임은 자동차를 타고 에어컨을 사용하는 나에게도 있기 때문이다. 반려종은 가이아 지구에서 함께 살고 죽는다. 반려종의 관계는 낙관적이기도 하고 아니기도 할 것이다. 이들은 함께 역사를 만들고 문화를 구성한다. 반려종인 인간과 동물은 서로의 취약성을 공유하면서 잘 먹고 잘 죽는 일상의 지평에서 공구성적인 관계로 살아간다.* 따라서 함께-되기는 특이성이 아니라 일상적인 평범성에 가깝다.

해러웨이의 함께-되기는 들뢰즈와 가타리의 동물-되

* 반려종은 공구성, 유한성, 불순성, 역사성, 복잡성으로 구성된다. 도나 해러웨이, 《해러웨이 선언문》, 136쪽 참조.

기보다 복수적이고 전면적이며, 친밀한 일상의 영역에 밀착되어 있다. 앞서 살펴본 바와 같이 들뢰즈의 동물-되기는 가족처럼 친숙한 동물은 그 영역에 들어오기 어렵다. 반면 해러웨이는 한집에서 먹고 자는 개들과 함께-되기를 사랑의 관점에서 사유한다. 해러웨이의 반려종의 관계는 앞서 언급했던 자연과 문화의 분리가 아니라, 이 둘을 통합한 '자연문화' 개념과 같은 맥락에 있다.

그러나 편혜영의 되기 서사가 독특한 것은 해러웨이의 함께-되기를 공유하면서도 다른 측면을 갖는다는 점 때문이다. 일상적 삶의 구체성에는 공포와 두려움, 갈등, 죽음과 같은 부정적인 것들이 포함되어 있다. 해러웨이는 반려종의 관계에 있는 존재들이 함께 먹고, 병들고, 역사를 형성하고, 죽을 가능성을 언급하기는 한다. 해러웨이는 자신의 반려견을 반려종의 예로 드는 것처럼, 동물과 인간의 관계를 사랑의 관점에서 소중한 타자성의 관계로 파악한다.* 하지만 일상에서 인간과 동물은 낙관적인 사랑의 관계로만 존재할 수 없다. 그런 점에서 해러웨이의 반려종 되기는 갈등과 공포, 부조화로 맺어지는 '어두운' 일상의 관계에 관심을 덜 둔다.

쥐는 인간과 사랑의 관계를 형성해왔다고 할 수는

* 도나 해러웨이, 《트러블과 함께하기》, 215쪽 참조.

없다. 쥐는 역사적으로 인간과 일상을 함께해왔지만, 대체로 혐오의 대상이었다. '쓰레기 더미 가설dump-heap hypotheses'*이 주장하듯 인간의 거주지 근처 쓰레기 더미에서 농업이 시작되었다면 곡식을 먹는 쥐 역시 쓰레기 더미 주변에서 인간과 함께 살아온 공생활자였을 것이다. 인간은 이러한 쥐를 곡식을 훔쳐 먹는 해로운 동물이자 전염병을 옮기는 혐오 동물로 인식해왔다. 특히 한국의 근대화 과정에서 쥐는 비위생적이고, 양곡을 손실내고, 재산을 훼손하며, 생활에 큰 불편을 주는 해로운 동물로 인식되어 국가의 적으로 취급되었다. 이 시기 한국사회의 적 북한과 해로운 쥐의 이미지가 겹쳐졌고 쥐잡기 운동은 실전을 방불케 하는 전쟁처럼 전개되었다. 물론 쥐잡기 운동은 성공하지 못했다.** 쥐는 소탕될 수 있는 동물이 아니기 때문이다. 역사적으로 쥐는 한번도 박멸된 적이 없다.

이처럼 쥐와 인간의 공생은 인간이 원하건 원하지 않건 지속되었다. 편혜영은 그러한 역사성을 받아들여 쥐를 어두운 '되기'의 영역으로 초대한다. 쥐와의 부조화 관계

* 쓰레기 더미 가설은 농경의 역사가 인간이 먼저 식물을 재배하기 시작한 것이 아니라, 일부 식물들이 인간의 거주지 근처 쓰레기 더미에서 퇴비를 활용하여 번식하면서 시작되었다고 본다. E. Anderson, 《Plants, Man and Life》, Dover, 2005, pp.136~150 참조.

** 김근배, 앞의 논문, 124~137쪽 참조.

를 인정하면서 함께-되기의 관계로 설정한 것이다. 편혜영의 쥐-함께-되기는 악마적 특이자(들뢰즈와 가타리)나 사랑의 연대(해러웨이)와 대비되는데, 두려움이나 경쟁 같은 '어두운 관계'를 긍정하고 있기 때문이다.

'어두운 관계'에 대해 조금 더 주목해보자. 자연은 숭고하고 조화롭고 순수하고 이상적이기만 한 것은 아니다. 철학자 티모시 모튼은 인간이 자연의 이미지를 낭만적으로 덧씌웠다고 비판하면서 '어둠의 생태학dark ecology'을 제시한다. 인간과 자연, 생물과 무생물, 자연의 아름다움과 공포 같은 요소들은 혼재하고 공조한다는 것이다. 모튼의 말대로 자연에는 추하고 해롭고 파괴적이며 무질서하고 아이러니한 어둠의 요소들이 혼재해 있다.* 이 어두운 측면을 인정해야 자연과 인간의 관계가 왜곡되지 않는다.

'어두운 관계'와 연관 지어 보았을 때 편혜영의 《재와 빨강》에 나타난 인간과 동물의 관계를 '어두운 쥐-함께-되기'라고 명명해도 무방할 것이다. 그것은 악마적이고 매력적인 특이자나 친밀하고 사랑스러운 반려견과의 관계라기보다, 혐오스럽고 두려운 시궁쥐와의 공생 관계를 뜻한다. 그와 쥐는 어둡고 위험하지만, 결코 존재론적 실패나

* 티모시 모튼의 '어둠의 생태학'에 대해서는 김임미, 「인류세 시대의 어둠의 생태학-비이원론의 관점에서」, 《신영어영문학》 79, 신영어영문학회, 2021, 24~28쪽을 참조할 것.

종말론적 멜랑콜리로 끝나는 서사로 나아가지 않는다. 그와 쥐는 쓰레기 더미와 하수도에서 함께 살면서 동시에 죽고 죽이는 관계에 있다. 그러한 '어두운 관계'는 그에게 삶을 위한 연대를 가능하게 하고, 삶의 터전을 지속시키는 힘으로 작용한다. 쥐를 죽이는 능력이 생존의 동력이 되게 함으로써 그는 파국의 상황을 견디며 삶을 유지한다.

그렇다고 해서 쥐가 그에게 손쉬운 먹잇감이나 약자로 존재하는 것은 아니다. 앞에서 살펴본 바와 같이 쥐는 먹이 경쟁에서 인간을 이기고, 생존 기술 면에서 탁월하며, 결코 인간에게 지배되거나 박멸되지 않았다. 자연은 인간에게 반드시 낙관적이고 희망적인 유토피아를 제공하지는 않는다. 이러한 관점은 재난이 쉽게 극복될 수 없는 현실적 사태임을 강조하고, 유토피아와 디스토피아, 연대와 고립, 구원과 파국, 대안과 비판이라는 이분법적 해석을 넘어서게 한다는 점에서 유익하다.

> 가방의 뒷면은 보지 않았지만 터져나온 쥐의 내장과 피가 잿빛 털, 분홍빛 살점과 뒤엉켜 달라붙어 있을 거였다.*
>
> 쥐였다. 그는 재빨리 코펠 손잡이를 잡아 어둠속으로 재

* 편혜영, 앞의 책, 31쪽.

게 발을 놀리는 쥐를 향해 내던졌다. 쥐가 달아나려고 우왕좌왕했다. 그는 손에 힘을 주어 코펠을 찍어 눌렀다. 순전히 먹을 것을 쥐에게 빼앗기기 싫어서였다. 뭔가가 툭 터져 나오는 느낌이 고스란히 전해졌다.*

위 인용문은 우연히 그가 쥐를 죽였을 때를 묘사한 것이다. 쥐를 죽인다는 것은 인간에게 두렵고 끔찍한 것이다. 그 끔찍함 때문에 그는 쥐잡기를 두려워한다. 그는 쥐에 대해 특별히 나쁜 기억과 감정이 없었을 뿐 아니라, 혐오 동물로 인식하지도 않았다. 그렇다고 쥐를 잡는 탁월한 기술이 익혔던 것도 아니다. 우연하게도 누구보다 빠르게 쥐를 죽인 일이 그를 파국의 중심으로 밀어 넣은 것이다. 그는 방역업체의 약품 개발원으로 일하며 쥐에 대해 남들보다 잘 알게 되었다. 그래서 쥐보다 자신이 얼마나 무능력한지도 분명하게 알고 있다. 소설은 쥐 관찰 기록서인 설리번의 《쥐들》을 참조하면서, 쥐의 고유한 속성을 면밀하게 묘사하고 있다.** 그는 쥐가 "그러니까 모든 곳에, 어디에나 있다"***

* 편혜영, 앞의 책, 173쪽.

** 편혜영은 《재와 빨강》 말미에 프란시츠코 산토얀니의 《쥐와 인간》과 로버트 설리번의 《쥐들》을 참고했음을 명기하였다.

*** 편혜영, 앞의 책, 113쪽.

는 것을 아는 방역 전문가로서 쥐를 인간에게 소탕되거나 무력한 동물로 보지 않는다. 쥐는 자신의 생명력을 포기하지 않으며, 인간과의 경쟁에서 우위를 차지하는 활력을 보여주기 때문이다.

그는 쥐를 닮아가는 것이 아니라 쥐-함께-되기를 통해 탈인간화된 새로운 개인이 되었다고 볼 수 있다. 그는 재난을 경험하며 인간 사회로부터 고립되었지만 무력하게 죽지 않았으며, 쥐와 어두운 관계를 맺으며 삶의 동력을 얻는다.

쥐와 인간의 평등한 관계는 어떻게 가능할까?

2000년대 재난 서사를 기후위기와 같은 지구적 위험인 인류세 상황으로 확장할 때 장소성은 중요한 정치적 의미를 갖는다. 지구 단위의 인류세적 위기는 대서사에 주목하기 쉽지만, 재난을 지구 역사나 보편 인류의 범주로 환원하면 재난의 경험 주체가 탈정치화될 위험이 있다. 대서사 중심의 접근은 재난 사태가 갖는 불평등 구조를 비가시화하기 쉽다. 인류는 동일한 인간 집단이 아니기 때문에 재난과 위기는 구체적 개인이나 국가마다 다르게 경험하며, 같은 도시라도 장소에 따라 다르게 전개된다.

편혜영의 《재와 빨강》에서 C국 Y시 제4구에서 외국

인인 그가 지진과 전염병, 쓰레기 대란, 정치적 혼란을 경험하는 방식은 C국의 다른 시민과 구별된다. 전염병과 지진이 발생한 C국 Y시는 혼란과 감염으로부터 보호받는 지역과 그렇지 않은 지역으로 극명하게 구분된다. Y시의 공간 구획은 복합적이다. 지상은 쓰레기 더미와 같은 오염 지역과 '거대한 무균실'처럼 철저하게 보호된 비오염 지역으로 나뉘고, 동시에 도시는 지상과 하수도가 있는 지하로 다시 구획된다. 그가 머무는 장소는 전염병이 걷잡을 수 없이 번지고 약국은 약탈당하고 사방에 쓰레기가 널려 있으며 전신방역복 차림의 검역관이 활보하는 Y시 안에서도 쥐와 부랑자들이 거주하는 쓰레기 더미(지상)와 하수도(지하)였다. 그가 삶을 영위하는 장소는 오염되었거나 그중에서도 더 오염된 곳이라고 할 수 있다. 따라서 그가 경험하는 재난은 일반적이면서도 특수한 것이다. 특히 외국인이 전염병을 옮겨왔다는 소문 때문에 더욱 위험한 인간으로 취급당한다. 이처럼 장소는 재난을 개인화하고 특수하게 경험하도록 한다.

소설에서 그와 쥐가 거주하는 장소의 정치적 의미를 생명정치적 차원에서 접근해보자. 이 소설에서 '어두운 쥐-함께-되기'가 실현되는 장소는 쓰레기 더미와 하수도다. 이 장소는 죽음 정치, 즉 생명권력이 작동하는 곳이다. 소설에서 그와 부랑자들은 방역 체계에서 소외된 계층으로, 그들이 거주하는 장소는 경찰이나 형사가 들여다보지 않는 곳이다.

> 이미 쓰레기처럼 살아가는 처지지만 스스로 죽음과 삶을 선택할 수 없다는 점에서 전염병은 치명적이었다. (…) 지금은 역병의 시대였다. 뭐든 조심해서 나쁠 게 없었다. 감염경로가 불확실하다는 것은 대기 중에 퍼진 바이러스가 전염되거나 가벼운 신체접촉만으로도 전염될 수 있다는 얘기였다. 부랑자에게 전염병은 곧 죽음이었다. 그러니 병에 걸렸거나 걸렸다고 의심되는 사람은 공원을 떠나야했고 자발적으로 떠나지 않는다면, 떠날 수 없다면 버려져야 했다.*

Y시 제4구는 재개발된 외딴 섬이었는데, 재개발 당시 대량의 산업폐기물과 생활 쓰레기를 매립했다. 이후 섬에 지진이 발생하고 전염병이 나돌면서 제4구의 일부 구역은 국가에 의해 철저하게 격리되었다. 이곳은 Y시 제1시민들이 거주하기 힘든 곳으로, 도시적 삶에서 배제된 부랑자들과 쥐의 서식처로 사용된다.

이들은 생명권력이 고의로 방치함으로써 죽게 내버

* 편혜영, 앞의 책, 146쪽.

려둔 생명체들이다. 생명권력이란 삶과 죽음의 권리에 대해 살게 하거나 죽음으로 내쫓는 권력을 말한다. 그것은 생명에 대해 생사여탈권을 가짐으로써 죽게 하거나 살게 내버려 둘 권리인 주권권력과 대비된다.* 주권권력이 생명을 죽일 수 있는 힘으로 작용한다면, 생명권력은 생명을 살리는 쪽으로 작동한다. 거기에 누구를 살리고 누구를 죽게 내버려 둘 것인가라는 문제가 생기는 것이다. 쓰레기 더미에서 살아가는 부랑자 집단 안에서도 감염의 징후를 보이는 부랑자들은 집단에 의해 버려진다. 버려진다는 것은 살해된다는 뜻이다. 부랑자들은 기침을 심하게 하거나 피부병이 있는 부랑자를 시신운반용 보디백에 씌워 쓰레기 소각장이나 하수도에 버려 죽게 만든다. 주권권력은 이 죽음을 용인함으로써 생명체를 죽게 내버려 두거나 죽음을 조장한다. 그 역시 기침을 심하게 하자 하수도에 버려진다. 감염병이나 지진과 같은 인류세적 재난은 생명정치를 작동시켜 죽음을 일상화한다.

쥐 역시 생명정치에 의해 취약한 위치에 놓여 있다. 쥐는 부랑자보다도 하위에 존재함으로써 외국인인 그와 생명정치의 장에서 조우하게 된다. 이전부터 쥐는 도시에

* 미셸 푸코, 《성의 역사 제1권 앎의 의지》, 이규현 옮김, 나남출판, 146~148쪽 참조.

서 배제된 채로 삶을 영위했지만, 감염병의 매개체라는 소문 때문에 더욱 죽어 마땅한 대상이 되었기 때문이다.

철학자 조르조 아감벤에 따르면 고대 그리스인들은 생명을 '조에zoe'와 '비오스bios'로 구분했다. 조에는 동물과 인간을 모두 포함해 그저 '살아 있음'의 상태에 있는 단순한 자연 생명을 표현하는 용어다. 반면 비오스는 가치 있는 삶으로서, 공동체에 속한 특유한 삶의 형식을 말한다. 조에가 단순한 삶이라면, 비오스는 정치적으로 가치 있는 삶이다. '포함되면서 배제되는' 존재인 조에는 통치 권력의 정치적 대상이 되어야 했다.* 《재와 빨강》에서 그는 비오스에서 조에로 전락한 존재다. 국적을 소유하고 가정에 속한 남성 시민이었지만, C국 제4구에서 그는 쥐와 마찬가지인 단순한 자연 생명이 된다. 소설에서 전염병에 걸린 부랑자들이 보디백에 담겨 버려지는 것은 주권으로부터 버려진 이들이 서로를 살해해도 무방한 예외적 존재가 되었음을 의미한다. 그는 인간에서 동물이 되었다. 그러한 조에-되기의 과정이 일어난 장소는 도시의 쓰레기 더미와 하수도다.

그러나 조에를 수동적 피해자로 바라보지 않을 수는 없을까? 쓰레기가 되어버린 쥐와 그는 이중의 배제에

* 조르조 아감벤, 《호모 사케르》, 박진우 옮김, 새물결, 2008, 33~35쪽 참조.

의한 잉여적 존재라고만 보아야 할까? 조에는 단지 통치 권력에 의한 정치 대상(수단)의 의미만을 갖는 것은 아니다. 역으로 조에는 인간과 동물 사이의 경계를 흔들고, 생명 자체의 역동적이고 자기조직적인 힘을 드러낸다. 인간과 동물의 이분법적 경계를 넘어 공동의 영역에서 횡단하기 때문이다. 그런 점에서 조에는 탈인간중심주의를 선회하는 핵심이며 '평등성egalitarianity'을 확보할 수 있다.*

> 밤이면 어둠속에 몸을 감춘 것들이 지상에서 스며드는 흐릿한 불빛 아래 윤곽을 드러냈는데, 그때 희미하게 빛나며 조용히 움직이는 것이 있었다. 얼핏 쥐라고 생각했지만 아니었다. 사람이었다. 시궁쥐보다 덩치는 컸지만 더럽고 어두운 곳에서 익숙하게 움직인다는 점에서 쥐와 다름없었다. 대부분 전염병이 돌기 전부터 거기에 살던 사람들이라고 했다.**

> 한편으로 그들이 아무데서나 트림을 하고 용변을 보는 걸 쉽게 목격할 수 있었다. 대부분 검은 물에 대고 오줌

* 로지 브라이도티, 《포스트휴먼》, 아카넷, 이경란 옮김, 2015, 82쪽 참조.

** 편혜영, 앞의 책, 169쪽.

을 누거나 앉은 자리 옆에 똥을 눴다. 심지어 자리에 누운 채로 오줌을 누고 김이 나는 물길을 피해 누웠다.*

인용문에서 알 수 있듯이 쓰레기 더미와 하수도는 그, 쥐, 부랑자와 같은 조에적 존재들이 함께 살아가는 장소다. 이들은 그곳에서 먹을 것과 생필품을 얻고, 잠잘 곳을 제공받는다. 물론 이들의 관계는 사랑과 평화에 기초해 있지 않다. 앞서 살펴본 바와 같이 어두운 일상적 관계를 맺고 있다. 이들은 생명권력으로부터 '포함된 채 배제'되었지만, 동시에 조에 평등성을 확보한다.

편혜영은 부랑자들을 쥐와 다름없는 사람들로 묘사하고 있다. 그는 하수도에서 음식과 옷을 구하고, 검은 물에서 용변을 보고, 쥐와 인간의 시체를 쌓아둔다. 인간과 쥐는 같은 장소를 공유하면서 생명을 영위할 뿐 아니라, 동시에 전염병을 옮기는 매개체라는 오인 속에서 차별받는다. 따라서 이들은 역설적으로 조에 평등성을 갖는다. 이들이 조에 평등성을 갖는 또 다른 이유는 몸을 통한 물질성을 공유하기 때문이다. 이들은 하수도의 썩은 물을 함께 이용하고 같은 공기를 마신다. 같은 장소에서 바이러스와 세균까지 서로의 몸을 통해 교환한다. 그와 쥐의 몸은

* 편혜영, 앞의 책, 170쪽.

물질적으로 상호교환되고, 상호연결되어 있다고 볼 수 있다.* 그렇게 보았을 때 쥐와 인간들의 몸은 조에 평등적이라고 할 수 있을 것이다.

전염병이나 지진 같은 인류세적 재난은 누가 어떤 삶을 지속할 것인가라는 정치적 문제를 제기한다. 인류세적 재난은 전지구적이고 보편적인 생태위기와 동시에 구체적인 장소에서 발생하는 불평등의 문제를 교차시킨다. 가령 공기가 오염된 지구에서 살아가는 존재들끼리도 누가 더 깨끗한 공기를 마시는가, 누가 더 안전한 장소를 점유하는가, 누가 더 신선한 먹거리를 차지하는가 등과 같은 문제들이 놓인다. 생명권력은 부자들을 우주선에 태워 지구 밖으로 탈출시키거나 보호구역에서 안락하게 살아가도록 보호할 것이다. 그러나 편혜영은 이 소설에서 부랑자, 쥐, 감염자, 외국인들처럼 탈자본화되고 탈국가화된 조에들의 생존 방법에 대해 사유한다. 편혜영의 '어두운 쥐-함께-되기'는 인류세적 재난의 대안이 될 수 있으며, 그 핵심은 쥐와 인간의 함께-되기와 어두운 관계성, 그리고 조에적 평등성을 발견할 수 있는 공동의 장소에 있다고 할 수 있을 것이다.

* 스테이시 앨러이모, 《말, 살, 흙》, 윤준·김종갑 옮김, 그린비, 2018, 19쪽 참조.

③

동물, 정체성에서 행위성으로

동물의 시선 앞에서 나는 누구인가?: 시선의 얽힘

고양이는 고양이
개가 아니죠

오란다구 오지 않고
가란다구 가지 않죠

보세요, “야옹” 소리도
마음 내켜야 한다구요*

동시를 쓰는 시인 이안은 고양이는 고양이라고 말한다. 고양이는 개가 아니고, 사람도 아니고, 닭도 아니고, 소도 아니고, 쥐도 아니라 고양이라는 것이다. 그렇다면 고양이는 고양이라는 사실을 어떻게 도출할 수 있을까? 그것은 고양이를 깊이 들여다보아야 가능하다. 고양이의 행동과 습성이 다른 동물과 어떻게 다른지 파악하고, 나아가 고양이의 존재론적 개성을 인정해야 할 수 있는 답이다. 고양이는 인간이 야옹 소리를 듣고 싶어 한다고 해서 들려주지 않는다. 고양이가 다가오는 것은 인간이 오라고 해서

* 이안, 〈고양이는 고양이〉, 《고양이와 통한 날》, 문학동네, 2008, 44쪽.

그런 것이 아니다. 고양이는 고양이 마음대로 한다. 시인은 그것을 인정한다. 이처럼 고양이의 습성과 개성을 존중할 줄 아는 시인의 시선은 드물고 귀하다.

우리는 고양이를 나의 요구에 응답하는 작은 털북숭이 인간으로 생각하고 대할 때가 종종 있다. 우리는 고양이를 가까이서 사랑하는 마음으로 바라본다고 주장하지만, 오롯하게 고양이로 보지 못한다. 우리에게 고양이란 무엇일까? 그것은 인간이 지어준 고양이에 대한 왜곡된 개념(이름)일지도 모른다.

그런데 시인이 아직 묻지 않은 것이 있다. 고양이는 인간 관찰자를 바라볼 수 있는가? 고양이는 인간을 바라볼 수 있는 시선을 가졌는가? 고양이의 입장에서 바라본다는 것, 고양이의 눈이 인간을 본다는 것에 대해 우리는 물었던 적이 있나?

동물에 대해 말한다는 것은 우리 시대의 복잡하고 중요한 이슈와 결합된다. 동물에 대한 질문은 인간의 고유성, 인간의 특권, 인간의 본질, 인간의 윤리·정치·법에 새로운 의미를 기입하고, 경계를 재조정하는 과제를 제공하기 때문이다. 동물적인 것을 사유할 때 인간의 특권과 고유성은 재기입될 수 있고, 동물과 인간의 새로운 관계를 사유할 때 정치와 법의 영역은 확장된다. 21세기가 제기하는 동물의 의미는 인간의 영역을 해체하고 재구축한다. 우리는 동물이란 누구인가를 묻기 전에 인간과 동물이 어떤 관계에 있는가를 질문해야 한다. 동물이 타자라는 점에서 우리는 동물을 완전히 이해하고 파악할 수 없으며, 그들의 정체성 역시 선험적으로 말할 수 없다. 동물은 관계성 속에서 보다 자신을 정확하게 드러내기 때문이다. 그렇다면 나와 동물은 어떤 시선의 관계 속에 있을까?

철학자 자크 데리다는 동물이 누구인지 묻기 전에 '동물이라 불리는 것'이 무엇인지 질문한다. 그는 동물에 대한 일방적이고 단선적인 인간의 시선을 근원적으로 비판한다. 고양이는 인간을 보는가? 인간은 고양이의 시선을 인정하는가? 발가벗은 몸으로 고양이의 시선 앞에서 수치심을 느끼며 데리다는 황급히 옷을 입는 대신 인간이 누구인지 묻는다.

> 때로 나는 내게, 내 스스로 시험 삼아 묻곤 합니다. 나는 누구인가요? 발가벗은 채 침묵 속에서 어떤 동물의 시선에, 가령 고양이의 눈에 포착된, 곤란해 하는, 그래요, 거북함을 이겨내기 곤란해 하는 그런 순간에 나는 누구인가요?
>
> 왜 이런 곤란이 생기지요?
>
> 나는 수치심이 일어나는 것을 억누르는 데 곤란을 겪습니다. 내 안에서 외설에 대한 저항을 침묵케 하는 데서

겪는 곤란이지요. 발가벗고 성기가 노출된 채, 발가숭이로 고양이 앞에, 미동도 없이 당신을 바라보는, 단지 보고만 있는 고양이 앞에 있다는 걸 깨달아야 할 그런 처지에 있을 수 있다는 부적절함에 대한 저항입니다. 어떤 동물이 다른 동물 앞에 발가벗고 있다는 부적절함/곤란한 만남. 그런 점에서 이걸 일종의 동물적 만남이라고 부를 수도 있겠지요.*

데리다의 고양이는 매일 아침 욕실로 따라 들어와 아침밥을 달라고 요청하다가, 발가벗은 그가 다른 일로 기다리게 하면 욕실을 나가고는 한다. 그런데 어느 날 데리다는 성기가 그대로 드러난 맨몸의 자신을 바라보는 고양이 앞에서 곤란함과 수치심을 느낀다. "다른 동물 앞에 발가벗고 있다는 부적절함/곤란한 만남"을 경험한 것이다. 이 순간을 그는 "동물적 만남"이라고 부른다.

그가 느끼는 수치심은 어떤 감정일까? 수치심은 자아가 타인의 시선에 붙들려 느끼는 부끄러움의 일종이다. 수치심은 타인의 평가에 의해 자아의 도덕적 결여를 산출하는 부정적인 감정을 말한다. 왜 그는 수치심을 느꼈을

* 자크 데리다, 「동물, 그러니까 나인 동물(계속)」, 최성희·문성원 옮김, 《문화과학》 76, 2013, 303쪽.

까? 수치심은 관찰자와 관찰당하는 자로 시선이 분할되는 구조를 갖는다. 그가 느끼는 이 곤란함은 고양이가 관찰자이고, 자신이 관찰당하는 자라는 시선의 역전 때문일 것이다. 데리다는 이 시선의 역전을 인정한다. 수치심이라는 불편한 감정을 느끼는 것이 그 증거인 셈이다. 수치심이란 "부끄러워하는 것을 부끄러워하는 것"이다.* 내 성기를 바라보아서 수치심을 느끼는 것이 아니라, 곤란함을 느끼는 나에 대한 성찰적 감정이 수치심이다. 자신도 고양이처럼 발가벗은 존재가 되었다는 사실을 알고 느끼는 감정이다.

앞에서 했던 질문으로 되돌아오자. 고양이는 인간을 바라볼 수 있는가? 우리는 대체로 인간만이 동물을 바라볼 수 있다고 여겨왔다. 오랫동안 동물이 사물을 바라볼 수는 있지만, 인간처럼 도덕적이고 지적이며 상호적이고 감정적인 시선으로 인간을 바라보지는 못한다고 여겨왔다. 데리다도 철학자들이 동물을 수동적 존재로 인식해왔다고 생각한다. 인간만이 능동성을 가지고 있다고 인식했기 때문이다. 데리다는 동물의 수동성을 발가벗음으로 표현한다. 그에 따르면 짐승은 발가벗고 있다는 사실을 알지 못한 채 발가벗고 있다. 발가벗음이란 '선악에 대한 의식이 없는 것'을 말한다. 동물은 스스로 인지하지 않은 채 발

* 자크 데리다, 앞의 글, 304쪽.

가벗고 있기에 진실로 발가벗고 있지 않은 상태에 있다.*
그러나 인간은 그렇게 생각하지 않았다. 발가벗음의 반대인 '옷을 입는다는 것'은 인간의 고유성을 말하는데, 이는 이성, 로고스, 역사, 애도, 선물 따위와 관련된 것이다. 동물이 발가벗었다고 본다면, 즉 옷을 입지 않았다고 본다면 동물은 인간적인 것을 결여하고 있다는 말이 된다. 이에 대해 하이데거는 동물이 세계 빈곤 속에 존재한다고 표현하였다.** 옷을 입지 않고 발가벗은 존재인 동물은 인간을 바라볼 수 있을까?

데리다는 이 질문에 대해 철학자들이(아리스토텔레스부터 데카르트, 칸트, 하이데거, 레비나스, 라캉까지) 어떤 설명이나 답변도 하지 않았다고 비판한다. 철학자들은 오랫동안 "동물은 언어가 없다고 또는 더 정확히는 응답할 수 없다고, 반응과는 분명히 그리고 엄격히 구분되어야 할 응답이 없다고, 응답할 권리와 능력이 없으며, 그래서 인간에 고유한 다른 많은 것이 없다고" 말해왔다.*** 동물에게는 언어가 없으므로 응답할 권리와 능력이 없는 발가벗

* 자크 데리다, 앞의 글, 305쪽 참조.

** 마르틴 하이데거, 《형이상학의 근본개념들》, 이기상·강태성 옮김, 까치, 2001, 298~299쪽 참조.

*** 자크 데리다, 앞의 글, 349쪽.

은 존재라는 논리다. 철학자들이 보기에 동물은 인간을 바라볼 수 있는 능력이 없다. 철학자 메를로퐁티는 본다는 것은 보면서 보여지는 시선의 얽힘이라고 말했다. 그러나 동물은 이러한 시선의 주체가 될 수 있는가? 인간과 시선을 교차하면서 얽힐 수 있는가? 자신의 성기를 가리는 옷을 입지 않고 수치심도 느끼지 않으며, 반응이 아니라 상호적으로 응답할 권리와 능력이 없는 동물은 인간을 바라볼 수 없다. 데리다는 철학자들의 시선이 동물의 시선과 얽힌 적이 없었다고 비판한다.

타자의 타자성을 옹호하고 타자에 대한 책임윤리를 강조했던 에마뉘엘 레비나스는 동물을 어떻게 사유했을까? 그는 시선을 얼굴과 연결하며, 얼굴이 있기 때문에 인간은 타인에게 응답할 수 있다고 말한다.* 그런데 레비나스는 동물에게 얼굴이 있다고 말하지 않는다.** 그는 동물의 타자성을 인정하지 않았다. 동물에게 얼굴이 없다고 전

* 에마뉘엘 레비나스, 《전체성과 무한》, 김도형·문성원·손영창 옮김, 그린비, 2018, 285쪽 참조.

** 레비나스는 동물을 직접 언급한 적은 거의 없지만, 그가 독일군 11B 포로수용소에서 생활할 때 만난 강아지 보비Bobby에 관해서는 언급한 바 있다. 인간의 모습을 빼앗겼던 이 시기에 포로수용소 문에 묶여 있던 보비만이 포로들을 반갑게 맞아주었다. 그는 이 강아지에게만 우리가 인간이라는 사실이 확실하다고 하였다. 마리 안느 레스쿠레, 《레비나스 평전》, 변광배·김모세 옮김, 살림, 2006, 177쪽 참조.

제하면, 인간은 동물을 타자로서 책임지고 응답할 근거를 마련하지 못하는 안타까운 상황에 처하게 된다. '살해하지 말라'는 타자에 대한 명령이 동물에게 적용되기 어렵다는 난감한 상황 말이다. 동물은 그의 타자 윤리 체계 바깥에 놓여 있다. 고양이는 얼굴이 없기 때문에 벌거벗은 나의 성기를 바라볼 수 없으며, 나는 고양이 앞에 내가 있다고 말하기 어렵다. 이때 고양이는 시선을 갖지 않은 동물 일반, "대문자 동물", "동물이라는 말"*이 될 뿐이다.

> 동물은 나를 에워쌉니다. 그리고 이 내-앞쪽-자리에-있음 탓에 동물은 바라볼 수 있습니다. 동물은 나에 대한 자기의 관점을 가지고 있습니다. 절대적 타자의 관점을 말이죠. 그 어떤 것도 고양이의 시선 아래 내가 발가벗은 모습으로 보여지고 있다는 것을 보는 이 순간들보다도 이웃의 이 절대적 타자성에 대해 생각할 거리를 더 많이 주지는 못할 겁니다.**

데리다는 동물을 타자라고 부른다. 그는 절대적 타자의 관점에서 동물을 바라보고, 이때 동물은 자기의 관점을

* 자크 데리다, 앞의 글, 348쪽.

** 자크 데리다, 앞의 글, 316쪽.

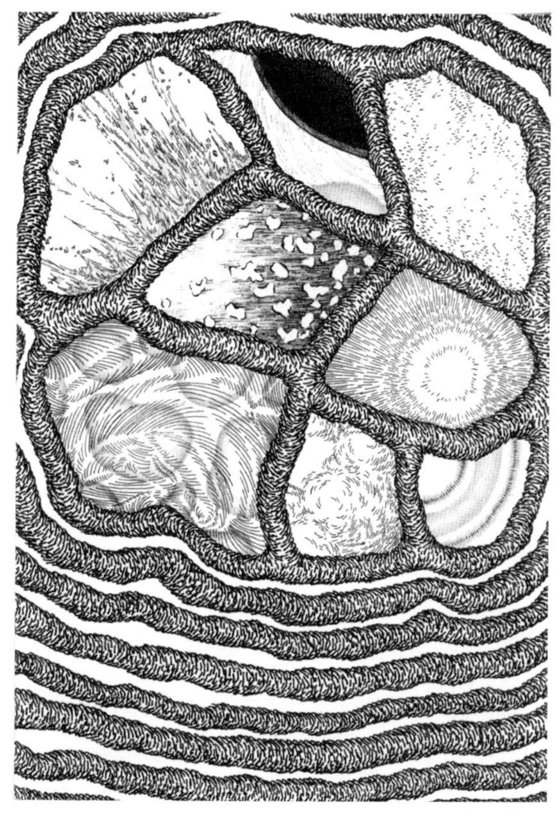

〈We dance!!〉, 김송이

동물과 인간, 시선의 얽힘

동물은 시선의 주체가 될 수 있을까? 인간과 동물은 서로의 시선을 교차하면서 얽힐 수 있을까? 동물의 수동성과 인간의 능동성은 고양이의 타자적 시선 속에서 역전되거나 의미를 잃는다. '이' 고양이가 나를 바라본다. 나는 나를 바라보는 '그' 동물의 눈을 바라본다. 우리의 시선은 겹치고 교차하고 얽힌다.

가지고 발가벗은 욕실의 나를 바라본다. 동물 역시 인간을 타자로 바라볼 수 있는 능동성을 가지고 있다. 그는 이 글에서 동물들이 자신을 응시한다고 반복적으로 쓰고 있다. 데리다가 고양이 앞에서 느끼는 수치감은 동물에게 얼굴이 있다는 것을 적극적으로 인정하는 증거가 된다. 고양이는 '타자의 눈'으로 나의 발가벗은 몸을 바라본다. 고양이는 시선의 위치를 가지고 있으며, 자기의 이야기를 가지고 나를 바라본다. 데리다가 느끼는 수치심은 그러므로 수동성과 능동성이라는 동물 대 인간의 이분법적 분리를 역전시키는 과정에서 생긴 감정의 부산물 같은 것이다.

그는 이 시선의 얽힘 속에서 나는 누구인가라고 묻고, 인간적인 것의 깊은 한계를 깨닫는다.* 데리다의 동물철학은 고양이를 타자로 인정하면서 시작되었다. 동물의 수동성과 인간의 능동성은 고양이의 타자적 시선 속에서 역전되거나 의미를 잃는다. 그리고 고양이의 시선 앞에서 그는 인간의 한계를 깊이 경험한다. 우리 역시 고양이의 시선 앞에서 자신이 어떤 인간인지를 물어야 한다. 고양이의 시선을 느낀다는 것은 우리가 동물과 깊이 있는 관계 속으로 들어갔다는 의미가 될 것이다. '그' 고양이가, '이' 돼지가, '저' 강아지가 나를 바라본다. 나는 나를 바라보는

* 에마뉘엘 레비나스, 앞의 책 참조.

그 동물의 눈을 바라본다. 우리의 시선은 겹치고 교차되고 얽힌다. 이 깊이 있는 시선 속에서 그 동물과 나는 존재론적으로 동등한 대화를 시작할 수 있을 것이다.

동물을 반려종으로 사유하는 해러웨이는 데리다가 놓친 것이 있다고 지적한다. 해러웨이는 데리다가 인간에게 한정했던 타자 개념을 동물에까지 확장하였다는 점에서 박수를 보낼 만하지만, 그가 자신의 고양이에게 응답해야 하는 의무를 소홀히 했다고 비판한다. 해러웨이는 묻는다. 그날 아침, 그 고양이가 뒤돌아보았을 때 실제로 무엇을 하고, 느끼고, 생각했는가? 고양이에게 호기심을 느꼈는가? 해러웨이는 데리다가 두 가지를 놓쳤다고 보았다. 첫째, 고양이에 대한 호기심을 놓쳤고, 둘째, 동물의 시선을 교차시키는 서구 동물연구자들을 누락시켰다는 것이다. 그는 수치심을 느끼느라 고양이에 대한 호기심을 느끼지 못했다. 그리고 제인 구달, 마크 베코프, 바버라 스머츠와 같이 동물과 조우하고 응답하면서 과학을 재구성한 동물학자들에게 동물의 시선에 대해 묻지 않았다고 비판한다.* 해러웨이는 데리다가 고양이를 타자로 철학의 지평에 올려놓은 것을 높이 평가하면서도 데리다 자신은 성기를

* 도나 해러웨이, 《종과 종이 만날 때》, 최유미 옮김, 갈무리, 2022, 33~37쪽 참조.

바라보는 고양이에게 어떻게 응답하였는지, 데리다와 고양이 사이의 일상적 관계는 어떠한지를 묻는다. 데리다는 동물을 '절대적 타자'로 불렀던 반면, 해러웨이는 '소중한 타자'로 불렀다. 이것이 두 철학자의 차이라고 할 수 있을 것이다.

나는 동물을 '관계적 타자', '관계 맺는 타자'라고 부르고 싶다. 절대적 타자는 동물의 자율성을 강조하고, 소중한 타자는 동물을 바라보는 인간의 태도와 관점을 중시한 말처럼 보인다. 물론 이 두 개념이 동물과 인간의 상호작용과 관계성을 전제로 하고 있다는 것은 분명하다. 그러나 강조점은 조금씩 다르다. 나는 동물의 행위자성에 기초한 관계에 더 주목하여 관계 맺는 타자성이라는 말을 쓰고자 한다.

고양이는 우리의 일상에서 나와 함께 살아간다. 우리는 데리다의 고양이를 통해 동물의 철학적 지위와 인간과의 관계에 대해 검토했다. 그리고 해러웨이를 통해 구체적 맥락 속의 동물과 우리의 일상적이고 역사적인 관계성에 대한 아이디어를 얻을 수 있었다. 기존의 철학자들이 동물에게 언어가 없다고 말한다 해도 일상에서 우리는 동물과 충분히 소통할 수 있다. 완전한 언어 체계로 소통하는 것이 아니기에 오히려 언어 이상의 소통이 가능하다. 충분한 언어가 없기 때문에 작은 표정 변화와 눈길과 행동에도 세심한 주의를 기울이게 된다. 데리다는 이것을 "이름이나 말의 부재를 다르게 하는 사유하는 사유, 박탈로서가 아닌 다른 방식으로 사유하는 사유"*라고 했을지 모른다.

우리 집에 사는 고양이 요다는 욕실까지 따라 들어오지만 샤워기에서 물이 쏟아지면 재빨리 밖으로 나가려 한다. 나가게 해달라는 특유의 소리를 내거나 나를 돌아보며 요청의 눈길을 보낸다. 털이 물에 젖는 것을 싫어하는 요다에게 가끔 나는 물장난을 치기도 한다. 깜짝 놀라 문을 열어달라고 긴급하게 요청하는 요다의 눈길과 마주칠 때 나는 고양이와 함께 사는 삶을 향유한다고 느낀다. 그리고 나는 내가 맨몸이라고 할지라도 수치감을 느끼지 않는다. 요다는 인간의 시선으로 나의 맨몸을 바라보지 않는다는 것을 잘 알기 때문이다. 시선의 얽힘은 일상 속에서 일어날 수밖에 없다. 함께 살아가는 한 고양이와 인간의 수동성과 능동성은 역전에 역전을 거듭한다. 우리는 서로에게 명령하거나 요청하면서 대화를 나누고 타협하기 때문이다. 시선의 얽힘은 서로가 조화로울 때뿐 아니라 갈등을 겪을 때에도 이루어진다. 시선의 얽힘이 언제나 행복한 결말로 이어지지 않는다는 것도 이제 모두가 아는 사실이다. 인간은 동물 앞에서 내가 누구인지를 묻게 되었다. 이 물

* 자크 데리다, 앞의 글, 374쪽.

음 없이 동물과 '함께' '잘' 산다는 것은 불가능하다.

동물은 우리를 (새로운)인간으로 만든다: 언어 없이 대화하기, 주의를 기울이기

동물이란 무엇일까? 위키백과는 동물을 다음과 같이 정의하고 있다.

> 동물動物은 동물계動物界, Animalia로 분류되는 생물의 총칭이다. 엽록소葉綠素를 갖지 않고 세포벽細胞壁을 갖지 않으며 몸속에 여러 기관器官이 있는 생물 중 다세포多細胞인 것을 말한다. 일반적으로 운동 능력과 감각을 가지고 있으며, 동시에 진핵생물眞核生物이기도 하다. 일반적으로 '동물'이라고 하는 말은 특히 일상어의 수준에서는 인간동물人間動物을 포함하지 않는 '비인간동물(짐승)'의 의미로 많이 사용된다. 그러나 이것은 어디까지나 '동물動物'이라고 하는 단어의 좁은 의미의 뜻일 뿐이며, 인간도 생물학적으로 동물이다.

위키백과의 동물 정의는 근대 과학 체계의 분류법에 기초해 있다. '동물계'라는 용어에서 알 수 있듯이, 생명체는 계통적이고 위계적인 분류 체계에 위치한 개념적인 것이다. 계-문-강-목-과-속-종은 중학교 생물 시간에 배운 생물의 분류 체계이다. 동물은 곧 '동물계의 총칭'을 말한다. 이 체계는 스웨덴의 식물학자 린네Carl von Linné에 의해 18세기 후반에 탄생했다. 린네의 분류법은 자연학의 범주에 있지만, 역사적으로 유럽의 제국주의적 팽창 욕구와 연관되어 있었다. 식민지로부터 유입되는 수많은 동식물은 유럽의 것들과 달랐기 때문에 보편적 분류법이 필요했다. 이 시기 유럽에만 52개의 분류 체계가 있었다고 한다. 린네는 생물학적 지식을 보편화하기 위해 자연을 표준화하고, 지역적 구체성을 단일화했다. 린네의 분류법은 18세기 계몽주의가 표방한 '자연의 질서'를 지향하고, 경제적 이익을 추구하는 유럽 국가의 지지 아래 이루어졌다. 린네는 속명과 종명에 각각 라틴어 한 단어 이름을 붙임으로써 명칭을 간소화했고 기억하기 쉽게 만들었다. 그것은 생물을 토착적이고 지역적인 것에서 분리하는 과정이었다.* 그래서 린네 분류법은 서구 유럽의 제국주의적 욕망을 보편화하고 표준화한 지식의 결합체였다는 비판을 받는 것이다.

우리가 동물을 '동물계의 총칭'으로 정의할 때, 근대 과학의 역사를 함께 호출한다. 중국에는 이시진의 《본초강

* 원정현, 「린네 분류체계의 성립과 확산: 지역에서 보편, 보편에서 지역으로」, 《서양사연구》 50, 243~259쪽 참조.

목》이, 우리에게는 정약전의 《자산어보》와 같은 분류법이 있었지만 린네의 보편적 분류 체계는 지역적 삶에 밀착된 동식물 분류법을 비과학적인 것으로 치부하고 위계화하였다. 앞서 데리다가 대문자 동물이 구체적인 '그' 동물을 지시하지 못한다고 비판한 것도 이와 같은 맥락과 닿아 있다고 볼 수 있다.

그렇다면 동물이란 누구인가라는 질문은 좋은 질문이 아닌 것 같다. 물론 최종적으로 우리는 이 질문을 피해갈 수는 없을 것이다. 동물이 누구인지 말하지 않고 동물과 인간의 좋은 관계를 설정하기는 어렵기 때문이다. 그러나 인간과 동물의 좋은 관계 맺기에 대해 본격적으로 사유하기 시작한 지금, 동물이 누구인가를 먼저 묻는 일은 다양한 질문으로 넘어가기 어렵게 만든다. 정체성은 맥락적이고 변하는 것이면서도 본성적인 것과도 연루되어 있기 때문에 복잡한 지평 위에 놓여 있다. 정체성 정치는 인간의 특정 공동체 내에서 주변화된 소수 집단이 억압되었던 자신의 차이와 개성을 정체성의 관점에서 인정할 것을 요구하는 정치적 활동이고, 여성, 장애자, 성적 소수자, 비백인, 난민, 이주 노동자의 정치적 활동이 여기에 포함된다. 동물이 인간에게 학대당하고 권리를 인정받지 못했음은 자명하지만, 앞에서 살펴보았듯 정체성 정치의 관점에서 동물을 바라보는 것은 덜 적절한 것 같다. 이것은 동물을 인간 사회와의 관계로만 파악하는 것으로, 동물을 부분적으로만 이해하는 것이다. 동물은 가이아 지구라는 공동 서식지에서 인간과 함께 살아가는 존재다. 동물이 누구인가를 묻는 질문은 인간 사회에서 규정된 정체성이라는 개념을 묻는 질문에 가깝기에 효과적이지 않은 것이다.

동물을 가이아 지구의 행위자 중 하나로 확장하여 동물이 각각 어떤 행위 능력을 가진 존재인지를 질문함으로써 인간과 동물의 관계를 생각해보기로 하자. 이때 자폐인 동물학자 템플 그랜딘의 《동물과의 대화》는 동물을 어떻게 이해하고 관계를 맺을 수 있을 것인가에 대한 좋은 모델을 제시한다. 최근 방영된 드라마 〈이상한 변호사 우영우〉에는 자폐 스펙트럼 장애인 변호사가 주인공으로 등장한다. 자폐증을 가진 우영우는 법전을 통째로 외우는 비상한 기억력의 소유자로서 서번트 증후군과 아스퍼거 증후군을 겪는 인물이다. 우영우는 과민한 청각을 가지고 있어 외부의 청각적 자극을 차단하기 위해 종종 헤드폰을 쓴다. 우영우는 전체보다는 부분에 집중하고, 맥락 대신 디테일에 강하다. 추상적 사유 대신 실재적 사고에 더 가깝다. 우영우는 공감과 상호작용에 능숙하지 않은 대신 다른 동물이나 사물과의 특별한 관련성을 잘 알아챈다. 우영우의 실제 모델이 템플 그랜딘이라고 한다. 그랜딘은 세 살까지 말을 하지 못했고, 가족과 눈을 맞추지 못했다. 그러나 어머니의 헌신 속에서 일반 학교에 진학하여 대학에서 심리학을 전공하고, 동물행동학으로 석사와 박사 학위를 취득했다. 그녀의 연구 성과는 비자폐인에 비해 월등하다. 그랜딘은 자신이 동물과 여러 면에서 유사하다고 생각하며, 덕분에 비자폐인보다 동물을 잘 이해할 수 있었다고 고백하기도 했다. 동물이 어떤 행위자이고, 어떤 감각과 사유를 하며, 어떻게 공동체 생활을 하는지 그의 이야기에 귀 기울여 보자.

그랜딘의 삶은 책과 영화로 나왔을 만큼 감동적인 서사가 있다. 그녀가 자폐인에 대한 편견과 불리한 조건을 이겨내고 대학교수가 되었다는 영웅서사 외에도 자폐증을 가진 사람이 사회적 인정관계 속에 들어가 있음을 잘 보여준다. 그랜딘은 자폐증을 '극복'한 것이 아니다. 여전히 그는 자폐인으로 살아가지만, 자폐인이기 때문에 주어진 특별한 능력을 발휘했다는 점에서 큰 울림이 있다. 그는 신경생물학적으로 다른 특징을 가지고 태어났기 때문에 장애를 경험할 수밖에 없었지만, 같은 이유로 그는 비인간 동물을 더 잘 이해할 수 있게 된 것이다.

그는 동물이 자폐 영재들과 비슷하다고 말한다. 자폐 영재는 영화 〈레인맨〉(1989)에 나오는 레이먼드처럼 자폐인이면서 천재적인 계산 능력이 있거나 음악이나 미술에 천재성을 발휘하는 사람을 말한다. 이들은 지능지수가 낮아 사회생활을 어려워하지만, 특정한 일을 비범하게 수행해낸다. 그랜딘은 동물들은 사람들이 미처 깨닫지 못하는 것을 느끼고 인간이 기억해낼 수 없는 사소한 것까지 기억하는 등 인간이 갖지 못한 놀라운 재능을 지녔다는 점에서 자폐 영재와 닮았다고 말한다.* 가령 우리는 열쇠를 둔 곳을 까먹고는 자주 찾아 헤매지만, 개들은 자신이 둔 물건을 못 찾는 일이 없다. 정신분석학자 프로이트도 환자를 진료할 때 개의 도움을 받았다고 한다. 진료 시간이 끝날 때를 개가 알려주었기 때문에 시계를 보지 않으면서 상담을 마칠 수 있었다. 개가 시간이라는 개념을 이해했던 것이 아니라, 진료를 마쳐야 할 때 보이는 사람들의 태도, 몸짓, 눈빛, 표정, 소리, 냄새 등의 변화를 알아차렸기 때문이다. 동물들은 인간이 지각하지 못하는 것들을 민감하게 감각할 수 있다. 코끼리는 인간의 가청 영역 아래의 주파수로 소리 정보를 교환한다. 우리의 귀에는 들리지 않지만, 그들은 낮은 주파수로 천둥 같은 고함을 친다. 그래서 밤에는 수 킬로미터 떨어진 곳에서 서로 대화할 수 있다.

영화 〈아름다운 비행〉(1996)에는 인간에 의해 부화된 야생 기러기가 나온다. 철새인 야생 기러기들이 성장하

* 템플 그랜딘·캐서린 존슨, 《동물과의 대화》, 권도승 옮김, 언제나북스, 2021, 29~30쪽 참조.

면서 따뜻한 남쪽으로 날아가야 할 시기가 다가오자 주인공은 함께 비행할 계획을 세운다. 주인공은 기러기에게 나는 법을 가르쳐서 캐나다에서 미국 플로리다의 서식지까지 날아가는 데 성공한다. 이후 놀라운 일이 벌어졌다. 단 한 번 날아보았을 뿐인데, 야생 기러기들이 이듬해 봄 다시 주인공이 사는 캐나다의 집으로 날아온 것이다. 철에 따라 비행하는 데 사용되는 야생 기러기의 감각기관은 우리와는 확연히 다르다. 철새들은 방향감각의 천재라 해도 과언이 아니다. 또한 백로는 물속에서 굴절되어 보이는 물고기를 잡기 위해 각도와 수심을 계산할 수 있다. 관련 연구에 따르면 백로는 물고기를 사냥하기 전 각도와 수심이 수학적 계산에 들어맞도록 자신의 위치를 옮긴다. 굴절로 인한 착시를 바로잡기 위한 행동으로 추정된다.* 나 같은 수알못에게 백로의 정확성은 감탄을 자아내게 한다.

그랜딘은 뇌의 차이로 동물의 비범한 능력을 설명한다. 인간 뇌의 신피질이 개나 도마뱀의 뇌보다 나은 것은 여러 가지를 한데 묶는 기능이다. 신피질은 거대한 연합피질로서 부분적인 것들을 종합하여 추상화하거나 연합하는 능력을 가지고 있다. 반면 동물은 신피질이 없거나 발

* 데이비드 앨런 시블리, 《새의 언어》, 김율희 옮김, 윌북, 2021, 111쪽 참조.

달되어 있지 않다. 가령 인간은 사랑과 미움을 동시에 느끼는 복합 감정을 구사하지만, 동물의 감정은 대체로 단순한 편이다. 동물은 애증 같은 것을 잘 느끼지 않는다. 그래서 우리가 동물은 순수하다고 느끼는 것이다. 인간은 신피질이 커지는 대신 잃은 것이 있다. 분리된 정보들을 추상화하고 종합하는 능력은 높아졌지만, 분리된 것을 실재로 파악하는 힘은 떨어졌다. 또한 신피질 내부에 있는 전두엽은 사소한 충격에도 유달리 취약하여 손상되기 쉽다. 그랜딘은 이 지점에서 동물과 자폐인이 연결될 수 있다고 본다. 자폐인의 전두엽은 비자폐인과 비슷한 정도로 활동하지 않는다. 자폐인의 뇌는 사람과 동물 사이에 있다. 비자폐인은 맥락을 이해하면서 큰 그림을 잘 보지만, 동물과 자폐인은 전체 그림보다는 그림 속에 있는 세세한 부분들을 보는 능력이 뛰어나다.* 그러니 인간은 개념과 의미를 집중해서 보고, 동물과 자폐인은 탈개념화된 이미지나 생생한 사물을 잘 보는 것이다. 우리 앞에 가위가 있다고 하자. 인간은 그것을 '무언가를 자르는 도구'로 본다. 하지만 동물과 자폐인은 둥글거나 길쭉한 형태, 색, 모양 등 그 자체를 본다. 그랜딘은 이렇게 말한다.

* 템플 그랜딘, 앞의 책, 99~109쪽 참조.

그러나 나는 많은, 아니 자폐인들 거의 전부는 동물의 방식처럼 세상을 경험한다고 생각한다. 사소한 것들이 소용돌이치는 집합체로 말이다. 자폐인과 동물은 아무도 할 수 없는 모든 것을 듣고 느끼는 것이다.*

그랜딘은 자폐인과 동물이 비슷한 세계를 경험한다고 보고 있다. 〈이상한 변호사 우영우〉에서 우영우는 소리에 민감하여 비자폐인이 견딜 만한 소리에도 견딜 수 없이 고통스러워한다. 이처럼 자폐인은 감각과민이나 지각과민 증상을 겪는데, 그랜딘은 동물도 비슷하다고 설명한다. 즉 비자폐인들이 보는 세계와 동물들이 보는 세계는 다르게 경험된다. 자폐인들이 소리를 잘 감각하는 것처럼 동물 역시 특정 감각이 월등하게 예민하다. 그랜딘은 소의 몸을 압박해주는 보정틀 안에서 소들이 날뛰는 대신 너무나 얌전해지는 것을 보고, 자신만을 위한 보정틀을 만들어 사용했다고 한다. 압박기의 압력은 갓난 아기가 포대기에 싸였을 때처럼 안정감을 준다는 것을 알아냈고, 덕분에 10대를 무사히 보낼 수 있었다고 말한다. 그는 고양이를 어떻게 쓰다듬어야 할지 몰라 고양이를 으스러지게 껴안곤 했었다. 그러나 압박기에서 느꼈던 감정을 고양이에게 이입하

* 템플 그랜딘, 앞의 책, 116쪽.

면서 쓰다듬는 법을 배우게 되었다. 그는 동물들이 자신을 구해주었다고 고백했다.*

동물이 어떤 행동을 하고 어떻게 감각하고 어떤 감정을 가지는지 이해하려면 우리는 책과 연구를 통해 동물에 대한 지식을 쌓아야 한다. 그러나 그보다 먼저 그랜딘이 동물을 이해하는 방식에 주의를 기울일 필요가 있다. 각자의 삶에서 체험적으로 얻게 되는 자신만의 동물 지식을 쌓아나가려면 그랜딘의 방식을 이해해야 한다. 동물의 감각과 행동을 나의 맥락 속에서 안다는 것은 뇌 사용 방식과 감각 방식을 동물에 가깝게 전환할 때 가능하다. 개념과 관념 중심의 감각에서 벗어나 탈의미화된 방식으로 사물을 감각하려고 노력할 때 우리는 동물을 잘 이해할 수 있을 것이다. 동물처럼 본다는 것은 무엇일까? 적어도 인간의 신피질 사용을 줄이고 바라보는 것이 아닐까?

동물은 감정을 갖는다. 동물이 감정을 가지고 다양한 표정을 지을 수 있다는 것은 동물과 같이 살아본 사람은 쉽게 동의할 것이다. 다음 일화는 인간의 공감 능력을 강조하기 위해 소개하는 것이 아님을 먼저 밝혀둔다. 나의 아이들이 어렸을 때 있었던 일이다. 막내가 외국으로 몇 달 떠나 있을 때였다. 그때 가족들은 모두 일찍 나갔다 늦

* 템플 그랜딘, 앞의 책, 24쪽 참조.

게 들어오는 생활을 했다. 그런데 함께 살던 고양이 클로가 밥도 먹지 않고, 물도 안 마시고, 놀지도 않고, 어두운 곳에서 틀어박혀 나오지 않았다. 병원에 데리고 가니 의사는 고양이가 우울감을 느끼는 것 같다고 했다. 세상에, 우울한 고양이라니! 다른 처방은 필요 없었다. 막내가 집에 돌아오자 고양이는 다시 활발해졌다. 고양이도 우울감을 겪을 만큼 풍부한 감정을 느낀다.

그랜딘에 따르면 동물은 네 가지 핵심 정서 즉 분노, 먹이를 쫓는 욕구, 공포, 호기심과 흥미(기대감)를 가지고 있다. 또한 네 가지 핵심적인 사회적 감정을 가지고 있는데, 성과 욕정, 분리 불안, 우정과 사랑, 놀이와 난동 욕구가 그것이다.* 인간만큼 복잡하고 복합적인 감정을 갖는 것은 아니지만, 동물들은 내적이고 사회적인 감정을 가지고 있다. 복잡한 감정 체계가 곧 좋은 삶을 보장하는 것은 아닐 것이다. 동물들은 인간만큼 복잡한 사회를 구성하지 않으니 그에 맞는 감정을 표현하고 살아가는 것이다. 가령 인간의 복수심이나 애증같은 복합적 감정은 오히려 좋은 삶을 방해하는 감정이 아닌가?

동물들에게도 사랑의 감정이 있을까? 동물들도 짝짓기와 번식을 한다. 우리는 동물의 짝짓기가 본능에 가까

* 템플 그랜딘, 앞의 책, 152~153쪽 참조.

운 것이지 애틋한 감정을 주고받는 행위라고 생각하지 않았다. 사랑의 감정은 주관적이어서 겉으로 보아서는 파악하기 어렵다. 하지만 호르몬의 변화를 통해 사랑의 감정을 추측해볼 수 있다. 그랜딘은 옥시토신과 바소프레신 호르몬을 중심으로 동물의 사랑을 설명한다. 옥시토신은 사랑의 호르몬이라고 불리는 만큼, 새끼를 분만하기 전에 과량 분비되어 애착 관계 형성을 도와 좋은 엄마가 될 수 있게 한다. 바소프레신은 옥시토신과 유사한데, 사랑 감정이나 사회적 결합 관계를 만드는데 용이하다. 이 둘 모두 바소토신에서 진화된 화학 물질이다. 바소토신은 개구리와 양서류의 구애 행동을 조절한다. 개구리의 두뇌에 바소토신을 주입하면 개구리는 즉시 구애 행동을 시작하고 짝짓기에 들어가려 한다. 바소프레신과 옥시토신은 섹스 호르몬일 뿐만 아니라, 모성과 부성의 사랑과도 관계된다. 바소프레신 농도가 높은 미국 대초원 들쥐를 넓은 곳에 두었더니 암수 두 마리가 하루의 반을 붙어 있었다는 보고가 있었다. 그러나 비교적 낮은 산지에서 살아가는 저산지 들쥐는 바소프레신 농도가 낮은 동물이다. 이들은 대부분의 시간을 혼자 보내고, 약 5%만이 다른 들쥐에게 접근했다고 한다. 이들은 자신의 짝에 그다지 신경 쓰지 않고 짝짓기가 끝나면 곧바로 흩어진다. 옥시토신은 사회적 관계에서 중요한 역할을 한다. 가령 옥시토신 유전자가 없는 변종 생쥐는 사회적 기억이 형성되지 않았다. 이 쥐들은 단지 좋은 것만을 기억할 뿐, 전에 만났던 쥐를 기억하지 못했다. 어떤 쥐를 만나도 처음 만난 것처럼 상대에게 킁킁댄다.

그랜딘은 흥미로운 일화를 소개한다. 경매장에서 돼지를 훔치는 남자를 돼지가 잡아낸 이야기이다. 경매장에서는 수천 마리의 돼지가 거래되기 때문에 누군가 슬쩍 도둑질해도 농부들은 잘 눈치채지 못한다. 그런데 하적장 관리인이 각 트럭에서 돼지가 한 마리씩 없어졌다는 것을 발견했다. 도둑을 어떻게 잡았을까? 어떤 사람이 한 축사에서 돼지들이 서로 멀리 떨어져 있는 것을 보고 누가 도둑인지 알아낸 것이다. 그 우리 안의 돼지들은 전부 서로를 모르는 것처럼 행동하고 있었는데, 돼지들은 사회적 동물이어서 누가 친구이고 누가 낯선 이인지 알아본다. 이 이상한 축사의 주인이 도둑이었던 것이다. 도둑은 각각의 트럭에서 돼지를 한 마리씩 데리고 와서 축사 안에 넣었다. 그러니 처음 보는 돼지들은 서로 멀찍이 떨어져 있었던 것이다. 돼지들이 도둑을 잡았다고 해도 과언이 아니다. 동물들도 친구가 있고, 서로 가깝다는 것을 표현하고, 짝짓기를 할 때 애틋한 느낌을 갖고, 새끼들을 사랑으로 키울 수 있다. 물론 동물의 종류에 따라 정도의 차이가 있겠지만 말이다.

동물의 뇌 구조와 사용 방식은 인간과 다르다. 감각 작용도 다르다. 다르다는 것은 차이일 뿐 결핍이나 과잉, 또는 오류가 아니다. 자폐인 그랜딘은 동물과 비슷한 감각 시스템으로 동물을 바라보았기 때문에 소가 왜 물웅덩이에서 불안해하는지, 반짝이는 줄이 있는 곳에서 왜 허둥대는지 그 원인을 찾아낼 수 있었다. 그는 동물이 세계를 경험하는 방식을 알았던 것이다. 우리도 동물이 어떤 행위자인지 알아야 한다. 그중에서도 우리는 동물의 감각, 경험, 감정이 어떻게 작동하고 어떻게 관계를 맺는지 탐색해야 한다. 동물을 이해하는 것은 우리를 더욱 좋은 인간으로 만들기 때문이다. 그랜딘이 압박기에서 배운 안정감으로 고양이를 편안하게 쓰다듬는 방법을 배웠듯이 말이다. 동물의 행위성에 주의를 기울이는 것부터 시작해보자. 그랜딘은 소가 불안해하는 이유를 알아내기 위해 소처럼 걷고 소처럼 눕고 소처럼 보는 것을 서슴지 않았다. 그러한 노력을 통해 그랜딘은 언어 없이도 동물과 충분히 대화할 수 있었다. 대화는 반드시 언어만을 필요로 하지 않는다.

동물의 목소리와 표정, 행동에 주의를 기울여보자. 배가 고픈지, 두려워하는지, 기분이 좋은지 왜 소리를 내는지 생각해보자. 그렇게 동물에게 주의를 기울일 때 우리는 식탁 위에 놓인 이 고기가 어디에서 왔는지를 알고 싶어질 것이다. 수족관 속 돌고래의 행복에 대한 의견을 내놓을 수 있을 것이다. 내 옆에 있는 반려동물의 호기심이 지능과 어떤 관련이 있는지 알 수 있을 것이다. 동물의 감각 사용법에 관심을 두면 이들과 언어 없이 대화하는 방법을 찾을 수 있을지도 모른다. 동물이 자기 이야기를 어떻게 서사화하는지도 알아차릴 수 있을 것이다. 우리는 지금까지 동물에 대해 의도적으로 무지했다. 그래야 죄책감 없이 마음껏 고기를 먹고, 동물원에 가고, 가죽 구두를 신을 수 있었기 때문이다.

주의를 기울이지 않음은 무지를 지속시킨다. 동물에 대한 무지는 동물을 열등한 존재, 언어 없는 존재, 고기라는 식자재, 모피를 제공하는 산업 자원, 귀엽고 사랑스러운 작은 애완물로 위치시킨다. 주의를 기울이지 않는 것은 동물의 존재성을 망각하려는 행위다. 한편 주의를 기울이는 것은 동물에 대한 지식을 구성하고, 가이아에서 살아가는 모든 존재가 참여하는 인간-비인간의 새로운 정치에 동물이 중요한 행위자로 개입할 수 있게 한다. 또한 인간과 동물이 어떻게 역사적으로 함께 살아왔는지를 이해하려는 노력을 말한다. 인간의 삶은 한 번도 동물과 분리된 적이 없었기 때문이다.

그것은 동물을 열렬하게 사랑하자는 얘기와 조금 다른 말이다. 인간의 윤리적 공감력을 높이자는 뜻도 아니다. 사랑과 공감이 오히려 인간의 능력을 강조하고, 동물과 인간의 관계에서 인간이 모든 것을 책임져야 한다는 인간중심주의에 무게를 둘 수 있는 위험으로 작용할 여지가 있기 때문이다. '주의를 기울인다는 것'은 나와 동물 사이의 다양한 관계의 선들을 파악하는 일이다. 나와 함께 살아가는 동물의 삶과 죽음에 관심을 갖는 것은 우리를 더욱 인간답게 한다. 우리는 인간성의 개념을 다시 설정할 때가 되었다. 동물을 배려하고 잘 관리하는 것은 휴머니티가 아니다. 인간은 가이아에서 동물과 연결된 생명체이자 그들과 신경 체계가 조금 다른 존재일 뿐이다. 동물과 어떻게 좋은 관계를 맺고 함께 살고 죽어갈 것인가에 대해 응답할 수 있는 것이 우리 시대가 요청하는 인간이 아니겠는가.

야생에서 재야생화로

자연에 대한 왜곡된 두 입장이 있다. 하나는 이상화된 자연이고 다른 하나는 자원으로서의 자연이다. 자원으로서 자연을 보는 관점은 줄곧 비판의 대상이 되어왔다. 인간은 지구의 거의 모든 것을 유용한 자원으로 접근하여 근대화의 동력으로 삼아왔다. 기후위기와 인류세 담론, 동물해방론이나 동물권론 등 다양한 입장은 자원으로서의 자연 개념을 비판했다. 그런데 우리가 별로 주목하지 않은 입장이 있다. 이상화된 자연 개념이다. 이 입장은 우리에게 자연을 긍정하게 하지만 동시에 자연 혐오나 자연에 대한 왜곡을 불러일으킨다. 특히 인간의 손길이 닿지 않는 거친 땅을 일컫는 황야나 야생wildness 개념이 그렇다. 우리는 야생성을 원시적 생명력이 폭발하는 이상적인 자연으로 상상하기를 좋아한다. 문명에 순응하지 않은 거친 생명력이 숨 쉬는 곳으로서의 황야나 야생은 사실 판타지다.

잭 런던의 《야성의 부름》은 야생성의 판타지를 잘 묘사한 소설이다.* 아늑한 인간의 정원에서 살아가던 늑대개 '벅'은 도박에 빠진 정원사 때문에 알래스카로 팔려가 썰매개가 되어 인간에게 학대당하며 비참한 생활을 한다. 살아남으려면 무조건 강해져야 했던 벅은 야성의 부름을 듣고 숲으로 간다. 그곳에서 벅은 내면에서 울리는 야성의 절규에 순응하여 야생 늑대들의 우두머리가 된다. 이 소설에서 황야는 문명과 대비되고 인간성과 반대되는 장소이다. 문명과 인간의 지대가 돈과 물욕, 지배와 거짓이 판치는 곳이라면 황야는 반문명적인 곳이다. 그곳은 지배자 대신 무리의 지도자가 있고 생존경쟁과 탐욕이 없는 순수한 자연의 지대다. 잭 런던은 인간의 문명성을 비판하기 위해 황야와 늑대개를 배치하였다. 문명에 오염된 인간세계를 누가 구원할 것인가? 그는 황야에서 거칠지만 본성대로

* 잭 런던, 《야성의 부름》, 권택영 옮김, 민음사, 2010.

살아가는 육식동물이라고 답하는 것 같다. 그리고 원시적 야성의 본능을 가진 수순한 동물로서 강하게 살아가는 인간-동물을 꿈꾼다. 이때 야성은 남성적이고 거칠고 폭력적인 포식자의 이미지로 그려진다. 반면 야생의 부름을 받기 전 가축으로서의 벅은 여성적이며 순종적인 피식자로 그려진다. 이처럼 근대적 이분법에 기초한 야성 이미지는 인간의 편견으로 얼룩져 있다.

문명화된 우리는 순수한 야생의 판타지에 열광한다. 문명의 바깥에 야생이 있다고 상상하면서 말이다. 야생은 어디에 있을까? 동물의 세계는 순수한가? 여기서 순수성은 인간 문명과의 대비를 통해 형성된다. 인간 문명과의 대비 없이 우리는 동물 세계를 야생이라고 부르기는 어렵다. 그곳은 동물의 삶과 문화와 지식으로 구축된 세계이며, 그 지역에서 살아가는 원주민과 생태적으로 연관되어 있기 때문이다. 동물에게는 문화가 없을까? 동물에게는 언어나 전통이 없을까? 원주민은 인간이 아닌가? 우리는 왜 황야를 순수하고 이상적인 곳으로 상상하는 것일까? 우리는 야생의 판타지를 구성하면서 인간이 상상하는 이상적인 '자연'을 구성한다.

문명에 오염되지 않는 자연 상태를 가리키는 황야 개념은 심층생태학이나 환경주의가 지향하는 핵심 개념이다. 신성한 가치를 가진 황야는 순수의 공간에서 발견되고, 존경과 겸손의 태도에 기초한, 인간과 대지의 진정한 관계의 약속을 제시한다.* 황야나 야생 개념을 중심으로 자연보호 운동을 지속하는 단체가 1892년 미국에서 탄생한 '시에라 클럽Sierra Club'이다. 시에라 클럽의 창시자 존 뮤어는 황야를 미국 문화 정체성의 시금석으로 삼고, 자연보호 활동의 토대를 확립시킨 활동가이자 작가이다. 그의 신랄한 인간 비판은 위대하고 숭고하며 순수한 자연을 찬양하기 위한 수사였다. 인간 문명이 제거된 숲, 산, 계곡, 하늘, 바위, 새, 동굴은 이들에게 순수한 세계이다.

그러나 자연의 순수성이나 숭고함은 인간이 구성한 개념이다. 인간의 세계를 문명·탐욕·오염의 세계로 설정하고, 그 반대편에 황야와 야생지라는 대립항을 이분법적으로 구성했기 때문이다. 야생이나 황야에 대한 판타지는 동물을 왜곡시킬 수 있는 위험이 있다. 이러한 판타지는 순수한 동물은 동물의 본성을 맘껏 표현하며 야생지에서 자율적으로 자유롭게 살아가는 존재라고 생각하게 하고, 동물을 순수한 자연 상태, 이상화된 자연 존재, 순진무구하거나 사악한 존재로 여기게 만든다. 동물의 순수 원형을 그런 방식으로 구성할 때, 공장식 축사에서 살아가는 닭

* 그렉 개러드, 강규한 옮김, 《생태비평》, 서울대학교출판부, 2014, 93쪽 참조.

과 돼지, 하수구로 달려가는 쥐나 농장에서 도살되는 소는 '진짜' 동물이 아니게 된다.

문명 속에서 살아가는 인간은 반反문명의 순수한 장소를 꿈꾼다. 경쟁으로 가득한 인간 사회에서 살아가며 극심한 피로감과 두려움을 느낄 때 우리는 순수한 자연 유토피아를 상상하며 탈주를 꿈꾸곤 한다. 하지만 우리가 상상하는 순수한 자연은 현실에서 찾기 어렵다. 논픽션 작가 존 크라카우어Jon Krakauer의 《야생 속으로》라는 책이 있다. 이 책은 1990년 미국 명문 사립대학을 졸업하고 가진 돈을 모두 기부한 후, 미국 서부의 오지로 들어가 자급자족하며 살다가 죽은 청년 크리스토퍼 맥캔들리스Christopher Johnson McCandless를 취재한 내용을 토대로 구성되었다. 그는 최소한의 장비만 챙겨 서부의 오래된 길을 따라 야생지로 걸어 들어갔다. 그는 그곳에서 113일간 생존하였으며, 숲에 버려진 버스에서 시신으로 발견되었다. 그의 이야기는 영화로도 만들어졌는데, 영화에서는 독버섯을 잘못 먹어 사망한 것으로 그려진다. 그는 반半문명인으로 마지막 삶을 살았다. 우리는 그가 자립적이고 열정적이며 능동적인 야생의 삶을 살았을 것이라고 기대한다.

그는 그곳에서 자신의 삶을 글로 기록하고 사냥을 하며 살아갔고, 대체로 굶주렸다. 숲의 나무와 물, 말코손바닥사슴과 함께 지냈고 결국에는 독버섯을 먹고 죽었다. 그의 시신을 발견한 사람은 사슴 사냥꾼이었다. 그만큼 그곳은 인간이 드문 오지였다. 거기에서 청년은 인간의 순수한 본성과 원리를 깨달았을까? 물론 그랬을 수도 있다. 그러나 분명히 말할 수 있는 것은 그는 문명과 거리를 두고 자연에 직접 참여하는 삶을 선택한 능동적 행위자였다는 사실이다. 자연과 직접 관계를 맺는 삶은 특별한 가치가 있다. 그러나 그 자체로 순수하거나 위대한 것은 아니다.

물론 인간이 드문 야생지 같은 곳이 있을 수는 있다. 과연 그곳은 우리가 꿈꾸는 순수한 자연일까? 그곳은 미생물과 동식물, 흙과 바람이 상호작용하는 생명의 장소일 것이다. 그러나 인간이 없다고 해서 유토피아가 될 수는 없다. 거기에는 오랜 전부터 살아온 원주민들이 있으며, 동물들의 먹이사슬과 생존법, 그리고 동물의 문화와 세습되는 지혜들이 복잡하게 얽힌 곳이다. 그곳을 순수한 황야라고 부르는 것은 또 다른 인간중심주의적 태도가 아닐까?

최근의 생태운동에는 '순수한 야생' 개념을 부정하고 자연을 현실적인 장소로 만들려는 움직임이 있다. 재야생화 프로젝트가 그것이다. '재야생화rewilding'는 야생을 순수한 공간이 아닌 제3의 자연으로 재설정하는 최근의 환경운동을 일컫는 용어다. 이러한 관점에서 야생은 순수한 자연으로서 회복되어야 할 대상이 아니라, 동식물-인간-경관(땅, 물)의 연결을 통해 새로운 생태 프로세스를 구축

《야생 속으로》의 실제 모델, 크리스토퍼 맥캔들리스(1968~1992)

'순수한 야생'은 그에게 깨달음을 주었을까?

사슴 사냥꾼 말고는 사람의 발길이 닿지 않는 곳에서 살아가기를 선택한 맥캔들리스. 그는 인간으로부터 멀리 떨어진 자연과 교감하며 살았고 사람들은 그가 인간의 순수한 본성을 깨달았을 것이라 믿는다. 그러나 우리는 과연 자연 속에서 지금껏 알지 못한 본성을 깨닫게 되는가?

하는 장소이다. 과거의 자연보전 운동은 인간 문명이 발달하기 이전의 원시적 자연을 기준으로 삼고, 과거로 되돌아가려는 운동이었다. 반면 재야생화는 인간/자연 이분법의 경계를 허물고 인간-자연의 관계를 재설정하는 대담한 실험이다. 재야생화는 각 지역의 자연생태적 상황에 따라 각기 다른 양상으로 진행되고 있다.

유럽에서 재야생화를 촉발한 것은 네덜란드의 알메러Almere 시 근처의 자연보호구역 오스트바데르스플라선Oostvaardersplassen 프로젝트일 것이다. 인문학자이자 환경운동가인 데이비드 T. 슈워츠에 따르면 오스트바데르스플라선은 1968년 산업단지로 전환하기 위해 매립한 간척지였으나, 세계경제의 침체로 개발 계획이 좌초되었다. 그렇게 방치된 땅에 자연스럽게 습지와 갈대풀이 형성되었고 1970년대부터 조류와 수생 생물이 서식하기 시작했다. 네덜란드 정부는 오스트바데르스플라선을 천연기념물로 지정하고 복원 사업에 착수했다. 고생태학자 프란츠 베라는 멸종종이나 희귀종 동물 대신 1980년대에는 소와 말을, 1990년대에는 붉은 사슴을 풀어놓았다. 그러자 이제까지와는 다른 새로운 생태계가 만들어졌다.

재야생화 사업이 완벽하게 성공한 것은 아니었다. 서식하는 동물이 수천 마리로 불어났을 때, 인간의 개입이 적어지고 겨울에 먹이가 부족해지자 동물들은 서로를 잡아

먹거나 굶어 죽거나 얼어 죽게 되었다. 죽음과 포식은 생태계에서 자연스러운 일이었지만, 동물복지론자들은 동물학대라고 격렬하게 항의했다. 이에 따라 나무와 토착 식물을 심고 일주일에 세 번 임업인이나 수의사가 관리하는 것으로 오스트바데르스플라선 관리 정책을 변경했다. 애초의 계획과는 달리 인간의 개입이 더 많아지게 된 것이다. 슈워츠는 완전한 야생화를 고집하거나 '순수한' 정의를 고수하는 것은 비현실적이며, 그렇게 했을 때 미래를 개선하기 노력을 전혀 하지 않게 될 위험이 있다고 말한다.*

재야생화는 유럽과 북미에서 주도하고 있는데, 두 지역의 프로젝트는 다른 양상을 띠고 있다. 아시아 지역처럼 인구밀도가 높은 지역의 프로젝트는 또 달라야 할 것이다.** 재야생화 프로젝트는 오스트바데르스플라선의 경우와 달리 멸종위기동물이나 최상위 포식자(늑대)를 방사할 수도 있지만, 버려진 장소의 특징에 따라 달라진다. 오스트바데르스플라선은 알메러 시 근처에 있어 최상위 포식동물을 방사하기는 어려웠으나, 도시와 멀리 떨어진 미국

* David T. Schwartz, 「European Experiments in Rewilding: Oostvaardersplassen」-〈Rewilding Earth〉 2019년 8월 22일 게재 참조.

** 최명애, 「재야생화: 인류세의 자연보전을 위한 실험」, 《ECO》 25-1, 2021, 220~227쪽 참조. 이 논문은 재야생화의 특징과 개념을 자세히 서술하고, 한국의 재야생화에 대한 실천적 입장까지 제언하고 있다.

요세미티 국립공원에서 진행된 재야생화 프로젝트는 늑대를 방사했다. 도시 재야생화는 오스트바데르스플라선이나 요세미티 국립공원과 다른 방법을 택할 것이다.

재야생화의 핵심은 인간-자연 관계의 재설정이다. 기존의 인간-자연 관계가 위계적이고 폭력적인 근대의 관계였다면, 이제는 질적으로 달라진 새로운 관계를 모색해야 한다. 재야생화 연구자인 최명애 교수의 설명을 들어보자. 첫째, 재야생화는 버려진 간척지, 조림지, 농경지처럼 인간 활동으로 만들어졌다 방치된 지역을 대상으로 한다. 순수한 자연 지역을 선정해 울타리를 둘러 보호하려는 기존의 환경보전운동과 차이가 있다. 둘째, 재야생화는 비인간 동식물이 타고난 생태에 따라 생육하고 번성하는 존재임을 인정한다. 재야생화 프로젝트에서는 애초의 기획이 달라지고 예측할 수 없는 방향으로 생태 프로세스가 진행될 수 있다. 이는 재야생화에서 중요한 지점이다. 방사된 동물들은 생태복원학자의 예측대로 행동하지 않는다. 오스트바데르스플라선에서도 갑자기 저어새가 사라지는 불상사가 발생한 것처럼 말이다. 예측 불가능한 사건은 해결해야 할 문제가 아니라, 자연스러운 생태 프로세스라고 봐야 한다. 셋째, 재야생화는 과거지향적이 아닌 미래지향적이다. 전통적 자연보전이 과거의 이상적인 자연을 상정하고 인간의 개입을 통해 이를 재건하려는 시도인 반면, 재야생화는 과거 시점을 참조하기는 하지만 과거의 자연상태를 복원하려고 하지 않는다. 오히려 생태 과정을 다양화하고 활성화하는데 주력한다. 넷째, 재야생화에서 이루어지는 자연과 관련된 지식 생산과 의사 결정은 코스모폴리틱스에 가깝다. 재야생화는 비인간 동식물의 활력을 핵심 동력으로 삼는 운동이기 때문에 인간과 비인간이 함께하는 자연정치를 지향한다.*

그런 점에서 재야생화는 야생성이라는 이상적이고 낭만적인 개념을 현실적으로 정치화하는 실천적인 움직임이다. 재야생화 프로젝트에서 동물은 인간과 연결되면서도 특정한 울타리 안에서 자율적으로 자신의 생태적 삶을 번성시킨다. 방사된 소, 말, 늑대 등의 동물들은 재야생화된 장소에서 인간-동식물, 미생물, 공기, 지형을 토대로 새로운 제3의 프로세스를 활성화한다. 이때 동물은 생태 네트워크를 주도하는 능동적 행위자 역할을 담당한다. 농장이나 동물원에서 살던 때와 달리 토양, 바람, 풀, 물, 인간과 맺는 관계 속에서 자신의 본성을 다르게 발현할 것이다. 그들은 새로운 생태 프로세스를 생성하고, 새로운 경관을 만들며, 다른 동식물과 생태적 연대를 맺을 것이다.

조지 몽비오George Monbiot는 재야생화 활동가로 유

* 최명애, 앞의 논문, 237~241쪽 참조.

명하다. 그는 아이 기르기, 대출이자 갚기, 타인의 권리 존중하기와 같은 사회적 삶에서 '생태적 권태'에 시달리다가 재야생화라는 모험에 뛰어들었다고 고백한다. 그에게 재야생화란 첫째, 이전의 특정 상태를 복원하는 것이 아니라 생태적 원리가 작동하도록 허락하는 것이다. 그는 '올바른' 생태계, '올바른' 종의 조합이라는 개념을 거부하고, 인간이 물러난 자리에 자연이 알아서 자신의 길을 결정해야 한다고 주장한다. 다음으로 그는 인간 삶의 재야생화를 시도한다. 그는 문명을 벗어던지자고 주장하지 않는다. 그는 기술의 혜택을 누리면서 동시에 풍요롭고 모험적인 삶을 누릴 수 있어야 한다고 강조한다. 그에게 재야생화란 인간이 자연으로부터 겸손하게 물러나는 것이고, 관계를 재설정하는 것이다. 이를 통해 자연도 번성하고, 인간의 삶도 생태적 권태기에서 벗어나 흥미로운 모험을 하는 것이다. 몽비오는 생태운동이 금지로부터 희망을 긍정하는 쪽으로 나아가자는 중요한 메시지를 전한다. 그는 20세기의 환경운동이 '침묵의 봄silent spring'을 예견했지만, 이제 재야생화는 '소란한 여름raucous summer'의 희망을 이야기한다는 입장을 제시한다.* 파괴적 힘에서 생성의 힘으로 나아가자는 말이다.

* 조지 몽비오, 《활생》, 김산하 옮김, 위고, 2020, 31~39쪽 참조.

나가며 환대에서 공생으로

다큐멘터리 〈나의 문어 선생님〉(2020)은 내가 가장 좋아하는 동물 이야기다. 이 작품은 내가 지금까지 주요하게 다루었던 동물의 행위자성, 인간과 동물의 관계성, 주의를 기울인다는 것, 시선의 얽힘이 무엇인지 잘 이해하게 해준다. 처음에는 이 다큐멘터리의 제목이 마음에 들지 않았다. 동물에 대한 인간의 과도한 감정이입 능력을 자랑하는 태도가 느껴졌기 때문이다. 《이솝 우화》로 유명한 작가 이솝도 동물을 교사로 활용했다. 이솝 이야기에 나오는 동물은 인간화되어 있다. 이솝의 이야기는 동물에 대한 이야기가 아니라, 훌륭한 인간에 대한 이야기다. 혹시 이 다큐멘터리도 그렇게 인간중심주의적 관점으로 기획된 것은 아닐까 하는 의심이 들었다.

그러나 이 작품을 본 후에는 문어를 선생님으로 부르지 않으려는 나의 생각이 오히려 인간중심적이라는 반성을 하게 되었다. 문어로부터 배웠다면 문어는 선생님이 될 수 있다. 동물을 동물 그 자체로 보아야 한다는 강박증이 오히려 동물과 인간의 관계를 인간중심적으로 만들 수도 있겠구나 하는 생각을 했다. 조금 다른 이야기이지만, 나는 이 사유로부터 애니미즘에 대한 연구를 다시 시작해보기로 했다. 현대문학 연구자로서 애니미즘에 대한 오해를 털어내야 동물과 인간의 관계를 새롭게 재설정할 수 있겠다는 생각이 들었다.

이 작품 이야기를 조금 더 해보자. 이 작품의 화자는 크레이그 포스터Craig Foster라는 다큐멘터리 감독이다. 자신의 직업생활에 활력을 잃고 방황하던 어느 날, 남아공 케이프타운 근처 바다의 다시마숲에서 프리다이빙을 하다 우연히 문어를 만난다. 이 작품은 문어와 만나고 헤어지는 1년여간의 과정을 담았다. 그는 왜 그 문어를 선생님이라고 불렀을까?

첫째, 그는 문어처럼 생각하고 행동하는 방법을 배웠다. '문어와의 만남' 직후 그가 카메라를 놓치는 바람에 문어는 놀라 달아났다. 다시 그곳을 찾아갔지만, 문어는 깊이 숨어버렸다. 그는 문어를 다시 만나고 싶어서 문어를 이해하기로 마음먹는다. 문어를 다룬 논문과 책을 읽고, 자신의 오지 탐험 경험을 되살려 '문어처럼 생각하는 법'을 공부한다. 문어를 이해하고 다가가는 방법을 알게 된 그는 문어를 다시 찾아가 만난다. 문어는 팔(다리)을 뻗어 그의 몸에 달라붙으며 적극적으로 교감을 시도한다. 다큐멘터리에 따르면 우리는 문어처럼 생각할 수 있다. 문어에게는 문어의 시각과 행동 양식, 뇌 사용법이 있다. 즉 문어는 문어의 관점이 있다. 문어에게 자신만의 관점이 있음을 인정하는 것이 다자연주의multinaturalism적인 태도이다. 현대 정치에 다문화주의라는 개념이 있다. 그것은 세계화 시대에 이질적인 외국인 타자들과 함께 다양성을 인정하는 사회를 만들기 위한 사회학적인 용어다. 이 용어의 핵심은 이질적인 타자를 문화적·정치적으로 인정한다는 것이다. 이것은 타자에 대한 너그러운 관용을 넘어 상호적 인정관계를 최종적으로 지향하고자 한다. 이에 반해 다자연주의는 비인간 자연과의 상호적인 인정관계를 일컫는 말이다. 인간의 관점 외에도 동물의 관점들이 있다는 것을 인정해야 동물과 만날 수 있다. 그래야 시각의 얽힘, 촉각의 얽힘, 감정의 얽힘이 생긴다. 동물과 관계 맺는다는 것은 바로 그런 것이다. 그것을 크레이그는 인간이 살지 않는 대서양 다시마숲에서 배웠다. 그곳은 인간이 없는 세계다. 그곳에는 다양한 해양 동물과 식물, 바다의 흐름, 밤과 낮의 시간차가 있다. 다시마숲 자체가 동식물이 함께 살아가는 거대한 생명체와 같다고 크레이그는 말한다. 야생의 세계가 있다면, 그곳은 인간이 별로 개입하지 않는 무수한 동식물의 관계로 넘쳐나는 곳이라고 해야 한다.

둘째, 그는 동물 타자와 관계 맺기를 배웠다. 그것은 문어에 대해 주의를 기울이고 관심을 두는 것이다. 관계는 만남을 생성한다. 이때 만남은 행복할 수도 있고, 폭력적일 수도 있다. 그런데 문어와 크레이그의 만남은 특별하게도 긍정적이었다. 그 만남에서 크레이그는 문어를 생물 분류 체계에 속한 해양생물의 하나가 아니라, '나의 문어 선생님'이라고 부를 만큼 특별하고 친근한 존재로 받아들인다. 그가 문어로부터 배운 관계 맺기는 자신의 가족이나 다른 동물에게로 확장되었다. 문어는 그에게 관계성을 터득하게 해주었으니 선생님이 분명하다.

셋째, 문어의 행위자성에 대한 앎이다. 그는 문어와 다시마숲에서 만나 함께 헤엄치고 서로를 바라보면서 문어에 대해 알아갔을 뿐 아니라, 문어처럼 사고하기 위해 문어 관련 책과 논문을 읽고 공부했다. 그에 따르면 문어의 뇌는 3분의 2가 바깥쪽 팔(다리)에 있으며, 2,000개가 넘는 빨판을 갖고 있다. 문어는 복잡한 뇌를 가진 지능이 높은 동물이며, 2,000개가 넘는 손가락(발가락)을 갖고 있다는 뜻이다. 연약한 자신의 몸을 보호하기 위해 짧은 생애주기를 갖게 되었고, 주변의 색깔, 질감, 형태에 맞춰 자신의 색을 순식간에 변화시킬 수 있는 능력을 갖고 있다. 작품에서 문어가 천적인 파자마 상어와 사투를 벌일 때 사용하는 지능적인 전략들은 경이롭다. 문어의 지능은 고양이나 개와 비슷하다고 한다.

크레이그가 '문어와의 만남'이라는 일대의 사건을 경

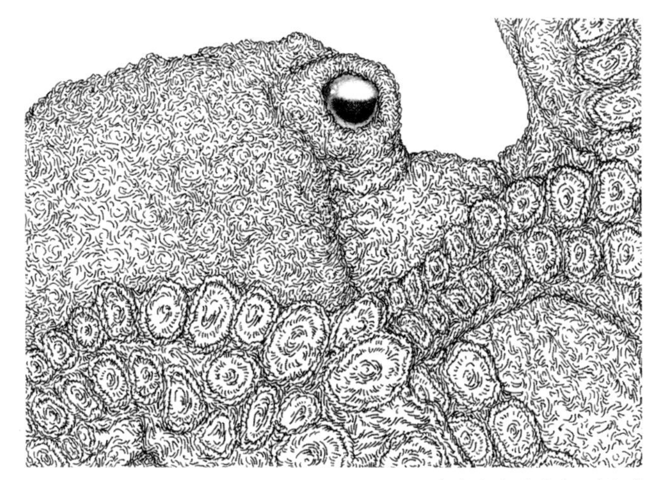

〈나의 문어 선생님〉, 김송이

크레이그와 '문어 선생님'

그는 카메라를 떨어뜨리는 바람에 숨어버린 문어를 다시 만나고 싶어 한다. 그는 문어처럼 생각하고 행동하는 법을 익힌 후, 문어와 만나 서로 적극적으로 교감한다. 문어는 그에게 '나의 문어 선생님'이 되었다.

험할 수 있었던 것은 우연일까? 그가 진정으로 문어를 만날 수 있었던 것은 그가 관찰자의 시선으로 문어에게 카메라를 들이대지 않았기 때문이다. 그는 자연탐사 다큐멘터리를 촬영한 경험은 많았지만, 대체로 그 과정에서 동물들이 소외되었다고 고백했다. 크레이그는 자신의 삶이 활력을 잃고 소진된 이유가 바로 그 때문이었다고 진단하였다. 그러나 그는 문어를 문어 바깥에서 관찰하는 객관적 입장에 서려 하지 않았다. 그것은 관계에 참여하지 않는다는 뜻이다. 그는 문어와 직접 관계를 맺고, 관계에 참여하고, 함께 관계를 만들었다. 문어도 마찬가지였다. 그 과정에서 문어의 행위자성을 알게 되고, 그것을 통해 문어와 더 깊고 풍요로운 관계를 생성할 수 있었다.

여기서 조금 더 나아가 보자. 우리는 타자인 동물에 대해 어떤 입장을 가져야 할까? 우리는 낯설고 다른 존재인 동물 타자를 환대해야 하는 것은 아닐까? 환대란 이질적인 타자를 받아들이는 윤리적 태도이다. 자크 데리다는 환대를 '무조건적 환대'와 '조건적 환대'로 구분한다. 무조건적 환대란 이방인이 누구인지 묻지 않는 순수하고 윤리적인 환대를 말한다. 무조건적 환대에서 주인은 이질적 타자를 맞아들이기 때문에 어떤 선택권이나 주도권을 가질 수 없다. 무조건적 환대는 현실적이라기보다 윤리적이지만, 데리다는 극한의 환대를 사유하지 않고는 조건적 환대의 기준조차 정할 수 없을 것이라고 주장한다.* 한편 조건적 환대는 현실적인 것이다. 타자란 반드시 순수하고 선한 존재라고 하기 어렵기 때문에 우리는 현실에서 환대의 기준과 가능성을 사유하고 정치화해야 한다.

그렇다면 우리는 동물을 조건적으로 환대해야 할까, 아니면 무조건적으로 환대해야 할까? 대답하기 어려운 문제이다. 답을 도출할 수 없어서가 아니라, 질문이 적절하지 않기 때문에 어렵다고 생각한다. 동물을 환대해야 한다는 입장은 동물을 인간의 외부에 있는 존재로 위치 지을 때 내놓을 수 있는 제안이다. 동물은 우리에게 타자이다. 인간은 동물을 통제하거나 장악할 수 없다. 우리는 동물을 존재론적으로 소유할 수 없으며 정치적으로 통제해서도 곤란하다. 동물을 소유하고 통제하고 장악할 수 있다는 인간의 믿음 체계가 동물의 학대를 자연스럽게 하고, 동물을 자원으로 삼는 현실에 이른 것이다. 그렇다고 해서 이 문제를 해결하는 방법을 동물 환대에서 찾는 것은 곤란하다. 동물은 인간 존재와 인간 사회 바깥에 존재하지 않기 때문이다. 인간은 동물과 함께 진화하고 문화를 만들고, 문명을 번성시켜왔으며, 앞으로도 그럴 것이다. 개와 고양이처

* 지오반나 보라도리, 《테러 시대의 철학-하버마스와 데리다의 대화》, 손철성·김은주·김준성 옮김, 문학과지성사, 2004, 235쪽 참조.

럼 인간과 가까이에서 살아온 동물 역시 인간을 통해 자신의 문화와 몸, 그리고 본성을 키웠다. 또한 가이아 지구의 관점에서 볼 때, 인간과 동물은 늘 함께 살아왔다. 인간 가까이에 있기도 하고 멀리 있기도 하면서 함께 살아온 것이다. 즉 동물은 타자이지만, '관계 맺는 타자'이다. 따라서 우리는 환대보다는 동물과 함께 살아왔음을 인정하고, 함께 살아감을 긍정하는 '공생' 개념을 가져야 한다.

하지만 공생은 그렇게 낙관적이지만은 않기 때문에 세심하게 다룰 필요가 있다. 동물과의 공생 관계를 복잡하게 사유하고, 복잡성을 바탕으로 섬세하게 실천해야 한다고 본다. 인간과 동물의 관계 자체가 다규모적·다층적이며 얽혀 있기 때문이다. 공생은 존재론적으로 평평한 관계를 인정할 수 있지만, 상황적으로는 차이와 불평등이 발생할 수밖에 없다. 우리는 동물과 함께-되기를 실천할 때 차이와 불평등을 탈각하지 말아야 한다. 우리 사회는 종차별적이기도 하지만, 성차별, 인종차별, 언어차별 등 다양한 차별을 안고 있다. 여성은 오랫동안 '자연'이나 '동물'로 비유되어왔다. 아기를 낳아 기르는 여성과 비좁은 스톨에 갇혀 새끼를 분만하고 젖을 먹이는 어미 돼지는 종을 가로지르는 교차적 지점에 있다. 여기에는 종차별과 성차별이 교차되어 차별을 증폭시킨다. 동물에 대한 종차별이 동물에만 국한되지 않고, 인간의 불평등과 교차적으로 연결되어 있다는 것을 알 필요가 있다. 동물과 함께 잘 산다는 것은 인간과도 함께 잘 살 수 있다는 뜻이다.

그러나 여기에 또다시 남는 문제들이 있다. 여성과 젖소, 여성과 어미 돼지가 횡단적으로 연결될 때 "억압을 재생산하는 역설"*이 발생할 수 있다. 여성과 젖소가 불평등한 대우를 받는다고 말할 때 여성은 다시 젖소로 재현되어야 하는 불편함이 있기 때문이다. 동물과 인간은 평등하다는 사실을 강조하기 위한 비유가 다시 억압을 재생산할 수 있다는 것이다. 동물과 인간이 평등하다는 사실을 증명하기 위해 지적장애인와 동물, 어린아이와 동물이 비교될 때 역시 마찬가지다. 이처럼 상황이 복잡해지면 우리는 머뭇거리게 된다. 머뭇거림은 실천을 방해한다. 그러나 머뭇거림을 긍정적으로 활용할 수도 있을 것 같다. 머뭇거림은 관계를 세심하게 배려하고, 상대를 주의 깊게 살펴보게 하기 때문이다. 그러한 자세는 세계적 동물단체인 PETA가 비키니 입은 금발의 여성 몸을 부위별로 표현한 캠페인에 장착된 실수를 방지할 수 있다. 복잡성을 인정해야 여성을 다시 동물로 전락시키고, 동물을 다시 젠더 불평등 구조로 몰아가는 실수를 범하지 않을 수 있다. 복잡성은 서로의 앎을 깊이 있게 하고, 세심한 주의를 제공하는 풍부한 실

* 전의령, 《동물 너머》, 돌베개, 2022, 151쪽.

천력을 마련해줄 것이다.

해러웨이의 말처럼 인간은 동물과 함께 빵을 나누어 먹는 관계였으며, 앞으로도 그럴 것이다. 동물과 맺는 공생적 관계의 기초는 주의를 기울이는 일이다. 세심하게 주의를 기울여 상대가 어떤 행위자인지 더 많이 알게 될 때, 우리는 문어가 내미는 손을 잡을 수 있고 고양이 요다가 하는 말을 잘 들을 수 있을 것이다.

마지막으로 배수연의 시 〈쥐와 굴〉을 읽어 보자.

쥐는 무릎을 만들고 있다
누가 시끄럽게 구는 게냐?
실링팬 아래에서 노인이 외칠 때
쥐는 앞니로 자기 무릎을 만들고 있다

노인이여, 당신만 주인이 아닙니다
집세를 안 내는 나도 주인이라고요
티브이 소리나 좀 키워보시죠

쇠고리에 걸어둘
한 솥 뼈만 남은
노인이여
공기처럼 소파 위에 얹어놓은

무릎이여

내 부모 래리, 마리

그들은 회분홍 발목을 내주었지

나는 그 가는 발목에 뺨을 대고 눈거풀을 내렸다

바짝 선 내 수염을 쓰다듬으며

“아가, 이제 수염을 편히 내리렴”

어른이 된다는 건 자기 손으로 수염을 쓰다듬는 일

(…)*

쥐는 자기 이야기를 어떻게 만들까? 우리는 그것을 들을 수 있을까? 시인은 쥐의 이야기를 발랄하면서도 신랄하게 들려준다. 집세를 내지 않는 나도 이 집의 주인이라는 쥐의 말을 우리는 들은 적이 있나? 주민세를 내지 않는 나도 도시의 시민이라는 동물의 말을 들어본 적 있나? 우리는 모두 가이아 지구의 주민이다. 동물과 공생하는 삶을 사유하고, 동물과 함께 살아가는 동물정치를 꿈꾸어 보자.

* 배수연, 《쥐와 굴》, 현대문학, 2021, 11~12쪽.

참고문헌

저서

《태종실록》 21권, 24권, 26권, 27권.

그렉 개러드, 《생태비평》, 강규한 옮김, 서울대학교출판부, 2014.

그림 형제, 《독일전설 1》, 임한순·윤순식·홍진호 옮김, 서울대학교출판문화원, 2014.

김태곤 외, 《한국의 신화》, 시인사, 1998.

데이비드 앨런 시블리, 《새의 언어》, 김율희 옮김, 윌북, 2021.

도나 해러웨이, 《겸손한 목격자》, 민경숙 옮김, 갈무리, 2007.

——, 《트러블과 함께하기》, 최유미 옮김, 마농지, 2021.

——, 《해러웨이 선언문》, 황희선 옮김, 책세상, 2019.

——, 《종과 종이 만날 때》, 최유미 옮김, 갈무리, 2022.

로버트 설리번, 《쥐들》, 문은실 옮김, 생각의 나무, 2005.

로지 브라이도티, 《포스트휴먼》, 이경란 옮김, 아카넷, 2015.

마르틴 하이데거, 《형이상학의 근본개념들》, 이기상·강태성 옮김, 까치, 2001.

마리 안느 레스쿠레, 《레비나스 평전》, 변광배·김모세 옮김, 살림, 2006.

미셸 푸코, 《성의 역사 제1권 앎의 의지》, 이규현 옮김, 나남출판, 1990.

배수연, 《쥐와 굴》, 현대문학, 2021.

스테이시 앨러이모, 《말, 살, 흙》, 윤준·김종갑 옮김, 그린비, 2018.

악셀 호네트, 《인정투쟁》, 문성훈·이현재 옮김, 사월의 책, 2011.

에두아르도 콘, 《숲은 생각한다》, 차은정 옮김, 사월의책, 2018.

에마뉘엘 레비나스, 《전체성과 무한》, 김도형·문성원·손영창 옮김, 그린비, 2018.

이안, 《고양이와 통한 날》, 문학동네, 2008.

임석재, 《한국구전설화 (전라남도편 1)》, 평민사, 1988.

임종식, 《동물권 논쟁: 피터 싱어·탐 레건 그리고 제3의 해법》, 경진출판, 2021.

자크 데리다, 「동물, 그러니까 나인 동물(계속)」, 최성희·문성원 옮김, 《문화과학》 76, 2013. 12.

전의령, 《동물 너머》, 돌베개, 2022.

조르조 아감벤, 《호모 사케르》, 박진우 옮김, 새물결, 2008.

조지 몽비오, 《활생》, 김산하 옮김, 위고, 2020.

지오반나 보라도리, 《테러 시대의 철학-하버마스와 데리다의 대화》, 손철성·김은주·김준성 옮김, 문학과지성사, 2004.

질 들뢰즈·펠릭스 가타리 지음, 《천 개의 고원》, 김재인 옮김, 새물결, 2001.

최유미, 《해러웨이 공-산의 사유》, 도서출판b, 2020.

클라이브 해밀턴, 《인류세》, 정서진 옮김, 이상북스, 2018.

템플 그랜딘·캐서린 존슨, 《동물과의 대화》, 권도승 옮김, 언제나북스, 2021.

팻 시프먼, 《침입종 인간》, 조은영 옮김, 푸른숲, 2017.

편혜영, 《재와 빨강》, 창비, 2010.

피터 싱어, 《동물해방》, 김성한 옮김, 연암서가, 2012.

Tom Regan, 《The case for animal rights》, University of California Press, 2004.

Donna J. Haraway, 《Staying with the Trouble》, Duke University Press, 2016.

논문

권기하, 「1910년대 총독부의 위생사업과 식민지 '臣民'의 형성」, 연세대 석사논문, 2010.

김근배, 「생태적 약자에 드리운 인간권력의 자취-박정희시대의 쥐잡기운동-」, 《사회와 역사》 87, 한국사회사학회, 2010.

김기윤, 「쥐와 인간, '적과의 동침'」, 《과학과 기술》 38, 한국과학기술단체총연합회, 2003.

김임미, 「인류세 시대의 어둠의 생태학-비이원론의 관점에서」, 《신영어영문학》 79, 신영어영문학회, 2021.

김태희, 「동물의 인격: 시간성에 기초한 후설의 동물존재론 해석」, 《철학과 현상학 연구》 70, 한국현상학회, 2016.

목광수, 「윌 킴리카의 동물권 정치론에 대한 비판적 고찰」, 《철학》 117, 한국철학회, 2013.

손지봉, 「한중 설화에 나타난 쥐의 형상 비교 연구」, 《포은학연구》 21, 포은학회, 2018.

원영선, 「자연과학과 인문학의 만남: 인류세 연구」, 《안과 밖》 46, 영미문학연구회, 2019.

원정현, 「린네 분류체계의 성립과 확산: 지역에서 보편, 보편에서 지역으로」, 《서양사연구》 50, 한국서양사연구회, 2014.

임지연, 「2000년대 재난소설의 '어두운 함께-되기' 서사와 생명정치적 장소성」, 《통일인문학》 89, 건국대학교 인문학연구원, 2022.

최명애, 「재야생화: 인류세의 자연보전을 위한 실험」, 《ECO》 25-1, 한국환경사회학회, 2021.

Will Kymlicka · Sue Donaldson, 「Animals and the Frontiers of Citizenship」, Oxford Journal of Legal Studies 34, no. 2, 2014, pp.202~204.

배반인문학

동 물

1판 1쇄 발행 2022년 10월 28일

지은이 · 임지연
펴낸이 · 주연선

(주)은행나무
04035 서울특별시 마포구 양화로11길 54
전화 · 02)3143-0651~3 | 팩스 · 02)3143-0654
신고번호 · 제 1997—000168호(1997. 12. 12)
www.ehbook.co.kr
ehbookehbook.co.kr

ISBN 979-11-6737-232-1 (04100)
ISBN 979-11-6737-005-1 (세트)

• 이 책의 판권은 지은이와 은행나무에 있습니다. 이 책 내용의 일부 또는 전부를 재사용하려면 반드시 양측의 서면 동의를 받아야 합니다.

• 잘못된 책은 구입처에서 바꿔드립니다.